W0221094

OSKAR HOLZBERG & PETER GAYMANN

PAPA IST FERTIG

OSKAR HOLZBERG & PETER GAYMANN

PAPA IST FERTIG

VOM LEBEN MIT DEN LIEBEN KLEINEN

Diana Verlag

Umwelthinweis:
Dieses Buch wurde auf chlor- und säurefreiem Papier gedruckt.

2. Auflage
Brigitte-Buch im Diana Verlag
Copyright © 2006 by Diana Verlag, München,
in der Verlagsgruppe Random House GmbH
Alle Einzelabdruckrechte an den Zeichnungen von Peter Gaymann
© by www.cartoon-agentur.de
Herstellung und Satz: Gabriele Kutscha
Umschlaggestaltung: Eisele Grafik-Design, München
Umschlagillustrationen: Peter Gaymann
Illustrationen: Peter Gaymann
Druck und Bindung: Druckerei Uhl, Radolfzell
Alle Rechte vorbehalten
Printed in Germany

ISBN-10: 3-453-28507-7
ISBN-13: 978-3-453-28507-1

Für Billy, Julian, Laura, Nick und Saskia
Danke!
Oskar und Peter

Inhalt

Chaos	9
Respektlos	13
Einkaufen	19
Freunde	27
Schulbrote	31
Spielregeln	35
Sex	39
Telefonieren	43
Gewissen	49
Schmutz	53
Vergleichen	59
Zeit	63
Anziehen	67
Erwachsene	75
Schlafen	79
Kindergeburtstag	85
Loben	89
Aufklärung	93
Fernsehen	99
Kinderaktien	103
Kinder sind das Größte	109

He – bei uns wird nicht an die Wand gekritzelt!
Wir machen das gleich wieder weg
P. GAY

Chaos

Manche Tage sind nicht auszuhalten. Sommergierig klappen meine Augen auf und starren in eine graue Regenwand. Ich sollte einfach weiterschlafen, die Augen wieder schließen ... »Die Kinder müssen geweckt werden«, murmelt die komatöse Frau neben mir. Ihre Nacht hat sie als Kellnerin verbracht.

»Iss habe sooooon Durst«, heulte der Gast. Und sie servierte ihm einen Apfelsaft. Er hatte aber keinen Apfelsaftdurst. Also fragte sie ihn, worauf er denn dann Durst habe. Auf O-Saft. Also brachte sie ihm O-Saft. Leider vergaß sie, dass ihr Vierjähriger nur O-Saft mit Wasser trinkt. Also holte sie ihm dann noch Wasser zum Saft. Davon hat er dann einen Schluck getrunken und den Rest unters Bett gestellt. Aber unter dem Bett lag Teddy. Was die Kellnerin erst bemerkte, als ihr der Saft über den Fuß lief und sie einen Wischlappen holen musste. Der Gast schlief dann schon wieder sanft. Anschließend hat sie davon geträumt, wie sie ekligen Mehlwürmern den Kopf abbiss. Später in der Nacht hatte der Gast noch einmal Durst, und sie bekam ihren Traum nicht zu Ende.

Und ich kriege meine Nacht nicht zu Ende. »Lass mich!«, brüllt das erste Kind, das ich wecke. »Wieso weckst du mich?«, fragt das zweite Kind, das ich wecke. »Ich weck mich doch selber, ich will erst um halb acht aufstehen, das habe ich doch Mama extra gesagt!«

Das dritte Kind ist wach und beschwert sich, dass seine Füße kleben, weil es so nass neben seinem Bett ist. Dann lässt es das

Rollo hochknallen und bemerkt feinfühlig, dass es jetzt leider nicht mehr an die mehrfach um das Rollo geschlungene Schnur kommt: »Papa, du musst auf die Leiter steigen.« Aber ich fühle mich genau sieben Minuten nach dem Aufstehen schon so, als ob ich auch ohne Leiter an jede Zimmerdecke gehen könnte. »Zieh dich an, ich mache das später«, sage ich. Ich merke, wie mein linker Fuß klebt.

In der Küche klebt dann auch mein rechter Fuß. Irgendwer hat Milch verschüttet. Jedenfalls ist keine mehr im Kühlschrank, und der Kleine brüllt, dass nie Milch da sei, wenn er seine Cornflakes essen wolle. Darüber streitet er sich dann mit seinem Bruder, der nur »Liebeskummer« sagt und mit dem Kopf auf den Herd weist. Da steht ein leer gefutterter Topf mit hässlich angetrockneten Reisresten. Wenn die Tochter Weltschmerz hat, kocht sie sich Milchreis. Auch um drei Uhr nachts. Der Kleine würgt nach dieser Erklärung seine Flakes mit verdünntem Joghurt runter. Und erklärt bei jedem Bissen, wie Scheiße es schmecke. Dann schmiere ich ein Schulbrot. Und erfahre, dass der Kleine lieber sterben würde, als es mitzunehmen, weil nämlich heute Melanies Geburtstag sei und da gebe es Kuchen in der Schule. Also würge ich mir seine Gouda-Stulle mit Grüntee zum Frühstück rein. Wenn jetzt jemand sagt, Eltern hätten immer etwas leicht Masochistisches, eine gewisse Freude am Leid und an der Selbstaufopferung, dann scheuere ich ihm eine!

Doch jetzt steht ein durchgestylter Hip-Hop-Typ vor mir. Mit einem kleinen Makel. Er hat keine Hose an. »Wo, Mann, ist meine Baggy, Mann?«, rappt er los, aber er klingt dabei gar nicht cool. Nachdem wir eine gepflegte Vater-Sohn-Auseinandersetzung über Ordnung hatten, guckt der Sohn dann noch mal unter sein Bett. Und das erste Wunder des Morgens geschieht.

Als ich auf die Uhr schaue, will ich schnell ins Bad stürzen. Aber der Liebeskummer hat sich mittlerweile entschieden, doch aufzustehen und die Gelegenheit zu nutzen, das Bad für die nächsten eineinhalb Stunden zu blockieren. Ich könnte mich ohnehin nicht duschen, denn jetzt suche ich erst mal den Fahrradschlüssel vom zweiten Kind. Es sucht auch noch seine Schwimmbrille und jammert, es komme zu spät. Schließlich finden wir den Schlüssel am ungewöhnlichsten aller Plätze, in seiner Hosentasche, und er stürzt raus. Ich schließe die Haustür hinter ihm, atme durch und stolpere über einen Rucksack in die Kleiderkammer. Dort ziehe ich meinen Schlafanzug aus.

»Kannst du mir mal ein Handtuch bringen? Biittttteeeeee!«, brüllt jetzt der Liebeskummer aus dem Bad, und mir fällt auf, dass der Rucksack, der mir fast das Kreuz gebrochen hätte, der Schul-Rucksack mit den Schwimmsachen von Nummer zwei ist. Ich hechte ans Fenster, meine Akten fallen von der Fensterbank, und vorbeigehende Passanten schauen unfreundlich auf einen nackten Irren, der einen Rucksack schwenkend aus dem Fenster brüllt.

»Wieso bringst du Laura eigentlich kein Handtuch?", empört sich gleichzeitig hinter mir die nicht mehr so komatöse Ehefrau, die von dem Geschrei aufgewacht ist, und fragt mich, ob ich meine exhibitionistischen Neigungen schon länger verspüren würde. Sie verschwindet im Bad, und ich hechte in die Kleiderkammer, um meinen Morgenmantel zu finden. Denn es klingelt, und gleich werden zwei reizende pubertäre Damen in meinem Flur stehen, die ich mit meiner Feinripp-Kollektion nicht vorzeitig von den Freuden der Erotik entfremden will. Mittlerweile ist auch der Kleine bereit, loszugehen, allerdings ist sein Fuß schon wieder nass. Diesmal nicht vom O-Saft, sondern weil sein Schuh nass war. Also neue Socken, andere Schuhe, während die pubertierenden Damen im Flur schon ihre erste Handy-Runde hinlegen und ich erfahren darf, wo Olaf gerade ist. Auf dem Weg zur Schule! Wunder gibt es doch immer wieder.

Zum Beispiel, dass mein Kleiner jetzt auch fertig angezogen ist. Fehlt nur noch seine Mütze. Wir einigen uns dann darauf, dass er meine nimmt. Und sind beide voll genervt. Ich wegen meiner kalten Ohren und er, weil sie nicht braun ist. Aber dann trollen sich doch alle. Ich stehe im Flur und beobachte, wie mein Deo versagt, aber dann fällt mir ein, dass ich es gar nicht benutzt habe, weil ich ja nicht ins Bad konnte. Wenn ich es auf dem Fahrrad benutzen würde, könnte ich noch rechtzeitig und wohlriechend in der Praxis sein. Da klingelt es. Der Kleine. Er habe was vergessen. Mein Blutdruck liegt kurzzeitig außerhalb des Messbereichs. Da reckt er die Arme unter meiner Mütze empor und sagt: »Tschüs, Papa.« Und dann plötzlich ist es ein sehr schöner Morgen. Und ich weiß wieder, warum Papa sein sich lohnt.

Respektlos

Es war mir ja schon lange klar, aber so richtig verstanden, woher mein Autoritätsschwund als postmoderner Vater kommt, habe ich erst vor kurzem. Ich laufe gerade den Flur entlang, da schallt es aus dem Kinderzimmer: »Iss bin tot!« Bitte? Verdutzt stecke ich den Kopf ins Zimmer. Dort hockt ein quietschlebendiger Fünfjähriger.

»Da! Iss bin sson wieder tot.« Er glotz irritiert auf den Bildschirm und lässt die Spiel-Konsole des Nintendos fallen. »Doof«, sagt er noch, verschwindet und entkommt so meiner Predigt darüber, dass er nichts vor dem Nintendo zu suchen hat. »Seine Konsole war sowieso nicht angeschlossen!«, klärt mich sein vor dem Computer klebender großer Bruder cool auf. »Aber sonst nervt er rum, dass er mitspielen will.« »Aha«, mehr bringe ich nicht raus. Fünfjährige, die ihr Dahinscheiden feiern, verwirren mich. Wenn man tot ist, kriegt man keinen Piep mehr raus. Oder man redet, aber dann ist man nicht tot. Dachte ich immer. Und seit wann raffen Fünfjährige überhaupt, was Tod bedeutet? Man sagt ihnen hundertmal, dass sie tot sind, wenn sie auf die Straße laufen. Das finden sie interessant. Und wollen es gleich ausprobieren. Und wenn Tante Evi stirbt, dann sagen sie: »Tante Evi, die iss doch jetzt tot, oder?«, schaufeln sich eine Hand voll Gummibärchen rein und kommen sich irgendwie ganz schlau vor.

Von den Leichenbergen, die jeden Tag auf dem TV-Schirm angehäufelt werden, hält man seine Kinder mühsam fern. Nur da-

Jetzt ist Oma schon eine Woche tot.
Die hält das aber lange aus.

mit sie als Super-Mario vierzig Kilometer tief abstürzen und behaupten, sie seien tot.

»Abendbrot!«, schallt es lebendig aus der Küche. »Nur noch fünf Minuten«, mault es aus dem Kinderzimmer zurück. »Nur noch die drei Leben.«

Ah, nur noch die drei Leben? Logisch, wo so leicht gestorben wird, stehen jede Menge neue Leben zur Verfügung. Man geht einfach zum Lebenshändler und fragt, ob sie frische neue Leben reinbekommen haben. Und dann packt man sich eine Großpackung davon in den Einkaufswagen. »Darf's ein Leben mehr sein? Sie sind heute im Sonderangebot.« Leben sollte man immer im Haus haben. Leben werden schnell schlecht. Mein Sohn pulverisiert sie gerade in siebzig Sekunden pro Stück. Wo mich als Kind schon die Lebenserwartung der Eintagsfliege erschüttert zurückließ.

Als Zelda oder Schlumpf rasen unsere Kleinen virtuell umher und sammeln Leben wie Ü-Eier-Figuren. Um sie dann prompt im Kampf mit dem Endgegner zu verlieren. Der »Endgegner« ist ein extremes Kotz-Würg-Monster. Und nicht etwa, wie ich es mit meiner Vor-Tomb-Raider-Logik noch denken würde: der Tod.

Ein Radieschen mümmelnd gedenke ich des Endgegners. Alles in der Welt ist irgendwie super-mega. Ultimativ. Gesteigert bis ins Geht-nicht-mehr. In der Glotze laufen ständig die größten Filme aller Zeiten. Dabei gibt es Filme erst seit hundert Jahren. Mir fällt ein, wie ich mit Nick zum ersten Mal im Kino war. Da lief Bernard und Bianca. Und ich dachte, dass wird gemütlich wie damals bei Cinderella mit der kleinen fetten Maus. Aber nichts da. Es gibt einen verfetteten Albatross, und mit dem stürzt man durch die Canyons, bis man seinen Magen am Kehlkopf trägt. Nick musste die ganze Zeit auf dem Kinosessel stehen, weil er sonst nichts sehen konnte. Aber er fand Kino supertoll. Hallo, muss ich fürchten, dass meine Kinder die Wirklichkeit bald voll öde finden und nur noch vor dem PC die Endgegner in irgendwelchen Galaxien jagen werden? Glücklicherweise fällt mir auch ein, dass er mich gestern Abend gerade gefragt hat, ob wirklich Krokodile durchs Klo in unsere Wohnung kommen könnten. Trotz aller medialer Frühabhärtung. Und sobald ein harmloser Weberknecht in der Zimmerecke hängt, flieht der Held des Universums ohnehin in Panik aus dem Raum.

»Ist was mit der Decke?«, reißt mich eine Stimme aus meinen Gedanken. Ich gucke erstaunt auf die vierzehnjährigste aller Töchter, und um mich dem Leben wieder zuzuwenden, frage ich: »Na, was habt ihr heute bei Gianna gemacht?« Wie Eltern eben versuchen, ins Gespräch zu kommen. Ganz lässig. Und immer voll daneben. Aber immerhin in der Hoffnung, dass sie mir nicht auch irgendeinen Quark über ihr verfrühtes Ableben erzählen wird. Schließlich begreift man als vierzehnjährigste aller Töchter ja schon, was tot sein bedeutet. Ab neun Jahren begreifen Kinder das. Ab neun kriegt man langsam Angst vorm Leben.

»Na ja«, sie zögert. »Wenn ich dir das sage, willst du mich gleich töten.« Das Radieschen verklemmt sich in meinem Hals. »Hör mal, spinnst du? Du meinst vielleicht, dass ich ausflippen werde oder völlig ausrasten! Aber sag nicht so einen Mist, dass ich dich töten will!« Das klingt nicht gut, weil ich das Radieschen dabei wieder raufwürge. »Ja, ja, schon gut.« Mein Schaumstoffherzchen sammelndes Gefühlchen ist genervt und verstummt. Sie denkt vermutlich, ich habe wieder Krach mit Mama oder würde mit meinem Artikel nicht weiterkommen. Offenbar ist auch sie die Inflation der Tode gewohnt. Wenn jeder »fick dich« sagt, ist nur der Tod noch krass genug. Mir reicht das Thema jedenfalls.

Ich bin bedient. »Ich gehe jetzt ins Bett«, sage ich. »Ich bin platt, todmüde …« Und während ich den Flur entlangschlappe, will das Gekicher hinter mir überhaupt nicht aufhören. Ist doch echt kein Wunder, dass Väter heute keinen Respekt mehr finden. Wenn nicht mal Gevatter Tod ernst genommen wird.

Aus der Serie
ARMER PAPA

Einkaufen

Die Höchststrafe! Ich habe die Höchststrafe für Väter bekommen, die zu viel arbeiten und dann am Wochenende den zugewandten Daddy raushängen lassen. »Was wollen wir denn machen?«, habe ich an diesem wunderschönen Samstagmorgen gesäuselt und war zu allem bereit. Mit den grässlichen Barbies Poolparty zu spielen, einen Erlebnispark für die Meerschweinchen zu bauen oder beim Wetttauchen an Chlorallergie zu verenden. Aber bitte, bitte nicht am langen Samstag in die Innenstadt zum Shopping fahren. »Erst fragst du und dann machst du doch nie, was ich sage!«, heult das liebreizendste aller Töchterchen und knallt mir die Kinderzimmertür vor die Kniescheibe. Nachdem ich wieder normal sprechen und gehen kann, ist mein Vaterherz weich wie ein Milchbrötchen. Was kann denn meine Kleine dafür, dass ihre ganze Generation als Dauergäste einer Konsumorgie geboren wurde? Barbie braucht ein Badeshampoo. Und wer sagt eigentlich, dass der Sinn des Lebens irgendwo anders zu finden ist?

Neben mir im Bus nach Kaufrausch-City gluckst eine quietschvergnügte Neunjährige, deren Lieblingsbeschäftigung »Geschäfte angucken« ist. Ist das noch normal? Müsste ich nicht ihre kleine Seele vor den Spielzeugmultis, Süßigkeiten-Konzernen und Sweatshirt-Imperien retten? Statt mit ihr Slalom zwischen Sonderangeboten zu üben, sollte ich da nicht meine sieben Sachen packen und meinen Kindern ein sinnvolles Leben mit Hühnern, Enten und Rote-Beete-Feldern bieten? Aber wohin abhauen? Selbst die Galapagos-Echsen fressen Hamburger und hören iPod. Nein, hier kommt der unerschrockene Vater, um den schrecklichen Drachen Tyrannokonsumis Rex mit seinen fürchterlichen Hieben zu besiegen! »Papa, hier müssen wir doch aussteigen.« »Bitte, hä? Ach so, ja genau!«

Auf dem Weg zur »coolsten« aller Spielwarenabteilungen glaube ich, einen Abstecher in die Schreibwarenabteilung wagen zu können. Denn ganz offenbar sind die Aufkleber out, die es dort gibt und die mich bereits drei Samstage und ein halbes Monatseinkommen gekostet haben. Als durchmatschte Zwergen-Zelte habe ich die Sammelalben auf dem Balkon gesichtet.

»Oh, Papa, guck mal, so eine Federtasche will ich haben!« Ich Idiot, ich Amateurvater! Wie heißt die erste Regel im Kinder-Einkaufs-Monopoly? Rücke vor bis zur Kasse! Gehe nicht durch andere Abteilungen! Führe keinen deiner eigenen Einkäufe durch!

»Kaufst du mir die?«

»Aber du hast doch schon zwei.«

»Aber die sind doof!«

»Was ist denn, bitte schön, doof daran?«

»Ich will so eine wie Gianna hat, da gehen mehr Stifte rein. Guck, so eine.«

Ein neongrelles Teil wird unter meiner Nase auf- und zugeklappt und halbiert vorübergehend meine Sehkraft. Ich will es ja auch gar nicht sehen. Ich will sagen: »Hör mal, als ich so alt war wir du, da hatte die Hälfte der Kinder überhaupt keine Federtasche. Wir hatten alle nur sechs Buntstifte, und unsere Bilder waren auch bunt. Und in Indien ...« Aber glücklicherweise halte ich die Klappe. Indien, damals ... Damals war ein Wunschzettel auch noch kürzer als das New Yorker Telefonbuch, wir konnten mitten auf der Straße Kriegen spielen, das Überraschungsei war noch nicht erfunden, und Papa sparte auf die erste Schwarzweiß-

Glotze. Und habe ich es nicht wie die Pest gehasst, wenn mir meine Eltern vorhielten, wie glücklich sie mit ihrer einzigen Puppe waren? Die, die Oma aus einem alten Sofakissen genäht hatte. »Okay, okay«, sage ich, »aber du musst sie von deinem Geld bezahlen.« Taschengeld. Selbstverantwortlicher Umgang mit Geld. Dieses brillante pädagogische Konzept floppt dummerweise immer. Name für Name stellt die liebreizendste aller Töchter ihre gesamte Schulklasse vor. Ich bin sprachlos, wie viele Kinder in eine einzige Klasse gehen. Irgendwas stimmt nicht mit unserem Erziehungssystem. Da sie mich noch ungläubig sieht, legt sie die Parallelklasse nach. Name für Name. Die scheint noch größer zu sein. Und bei allen, bei allen bezahlen das die Eltern. So. Und außerdem sind Schulsachen ja Sachen, die man braucht. Und die muss kein Mensch irgendwo auf der Welt von seinem Taschengeld zahlen. So. »Und außerdem kostet sie ja nur € 15,95 !« Nur? Kinder haben eben keine Ahnung, was Geld wert ist. Doch dann sehe ich mein unglückliches kleines Mädchen mit ihrer winzigen schweinsledernen Federtasche zwischen all den strahlenden Kindern mit ihren riesigen Neonkästen sitzen. Und ich zahle.

Eine zerfetzte Jeans, die den halben Po freilässt, weiter, erreichen wir dann den heiligen Gral. Während ich über einer Auslage von ein paar tausend Plastikponys mit bunten Mähnen meinen ersten Schwächeanfall zu verbergen suche, findet die Tochter das ersehnte Badeshampoo. Praktischerweise muss man entweder die Einrichtung eines mittleren Frisiersalons, mehrere Badezimmergarnituren oder den Nachbau von Julia Roberts Dusche mit erwerben. Die Tochter räumt tapfer hin und her, vergleicht Preise. Sie sagt nichts. Aber es ist klar. So viel Taschengeld kriegt sie nicht. Und wie soll sie sich entscheiden? Pest oder Cholera? Und wie soll ich mich entscheiden? Über den Gedanken, für gestanzten Plastikschrott meine Mäuse abzudrücken, sacke ich gleich noch mal in den Pony-Haufen. Muss ich jetzt Tyrannokonsumis Rex heldenhaft enthaupten und danach mein Kind trösten? Oder gönn ich ihm den für meine Geldbörse letztlich unbedeutenden Triumph und zockle mit einem beglückten Töchterchen von dannen? Zunächst aber versuche ich noch ein grünmähniges Pony, das sich in meinem Uhrarmband verheddert hat, abzuschütteln.

Tyrannokonsumis grinst frech. Ich lasse ihn. Diesmal. Ich möchte nicht den Rest des Vormittags als meistgehasster Bewohner des Universums verbringen. Aber innerlich koche ich vor Wut über den gesammelten Einkaufswahn, vor Wut über meine eigene Hilflosigkeit. Ich könnte die ganze Spielwaren-Etage kurz und klein hauen. Stattdessen zerre ich wie besessen an dem verdammten Plastik-Pony. Seine grüne Mähne löst sich von seinem Plastikschädel, und ich darf ein kahles Pony für € 8,95 erwerben.

»Kann ich jetzt ein Eis?« Nach zwei Minuten hat das Kind seinen Pullover mit einem faustgroßen Schoki-Muster verziert und lauscht unwillig einem erregten Vortrag darüber, dass man sich ja verflucht noch mal vorsehen könne, sonst müsse man den Pullover ja gleich wegschmeißen. »Na und, dann kaufen wir eben einen neuen!«

Der Vater seufzt, klappt den Mund auf, erspäht links Benetton, rechts Hennes und Mauritz und vor sich C&A und klappt den Mund wieder zu. Das Kind hat Recht. Ist das nun wieder nur die eigene Erziehung, in der man alles schonen musste? Weil man außer den selbst gestrickten Pullovern nur noch einen aus Acryl hatte, in dem man sich besser gar nicht bewegte, weil man nach drei Schritten schon wie ein Biber nach Schweiß stank? Oder ist es nicht auch heute noch angebracht, den Kids beizubiegen, dass man Sweatshirts nicht konsumiert wie Kirschen. Zumindest umwelttechnisch. Und was passiert erst, wenn eine Jeans nur noch Diesel und eine Jacke nur noch mexx sein darf und alles andere gleich in die Altkleidertüte gestopft wird? Ich glotze auf meine eigene Diesel-Hose runter, die auf meine XLS-Super-Turbo-Nikes stupst. Was will ich eigentlich?

»Ich will so eine!« Das liebreizendste aller Töchterchen zerrt mich zu einem Stapel »Wir sind Helden«-CDs. Woher wissen die, wie ich mich fühle? Für einen Augenblick fühle ich mich zutiefst verstanden. Nebenan erspähe ich auf einer Halde von Hifi-Geräten einen mp3-Player. Und während ich den Verkäufer irgendwas frage, was der auch nicht versteht, fragt mich meine gelangweilte Tochter, wie viel ich eigentlich verdiene. Bis zum dritten Tritt in die Kniekehle verweigere ich beharrlich die Antwort. Ein paar Fragen später hat sie errechnet, dass ihr Erzeuger höchstens eine schlappe halbe Stunde arbeiten muss, um ihr die CD zu kaufen. Dann fragt sie mich noch hinterhältig, warum ich mir denn noch einen mp3-Player kaufe. Wo ich doch schon einen habe. Also gut, sie kriegt die CD. Welchen Horror fürchte ich eigentlich mehr? Mich wie ein neureicher Knacker zu gebärden, der seine Kinder vorn und hinten mit Kohle zustopft. Der seinem verblödeten Sohn selbst zum 4,9 Abitur noch einen Ferrari schenkt und ihn dann in eine Elite-Uni einkauft. Wo er dann drogensüchtig wird. Weil er es nie gelernt hat, damit umzugehen, wenn ihm ein Wunsch abgelehnt wird. Oder ein knauseriger Sack zu sein, der, nur weil er selbst mal Mehlsäcke schleppen musste, seinen Kids nur zwei Hosen im Jahr zugesteht. Und dessen Kids dann das Gefühl kriegen, sie seien nicht wichtig. Und die dann drogensüchtig werden. Wieso muss nicht auf jeder Packung draufstehen: Der Erwerb dieses Gegenstandes verwöhnt ihr Kind unsinnigerweise, Sie Weichei! Oder die Warnung der Ministerin für Familie und Erziehung: Achtung! Wer glaubt, seinen Kindern dieses Produkt aus erzieherischen Gründen verweigern zu müssen, ist nichts als ein verknöcherter Lustfeind?

Ein Päckchen Tierbriefmarken später, bei dem nicht mehr auszumachen ist, ob der Vater nostalgische Zuckungen hat und sein inneres Kind versorgt oder die Tochter wirklich interessiert ist, wird es höchste Zeit heimzukehren. Denn die Tochter hat ja nun alles bekommen, was sie wollte, und erscheint mir entsprechend genervt und unzufrieden. »Seltsam«, sinniert der Vater im jetzt noch volleren Bus, »an alles denkt man, wenn man Kinder bekommt. Wie man sie auf den Armen hält, wie man ihnen sprechen beibringt, Fahrrad fahren, kochen und Regale bauen, sie für Literatur und Musik begeistert. Aber nicht wie man einkauft und mit Geld umgeht.« Der überflüssige mp3-Player und die eben erworbene dreiundvierzigste Bob-Dylan-CD flüstern mir aus der Einkaufstüte zu, dass ich mich lieber ruhig verhalten soll. Ganz offensichtlich tauge ich kaum als Vorbild dafür, wie man klug mit Geld umgeht. Und das kahle Pony wiehert sich halb schlapp über mich. Denn vom Einkaufen habe ich schlichtweg keine Ahnung. Ich glaube ja noch immer, ich würde einkaufen, um das zu bekommen, was ich will. Aber das ist völliger Blödsinn. Man shoppt, weil es so mega-krass ist zu shoppen. Mein Töchterchen ist jetzt nur deshalb nicht so gut drauf, weil sie frühestens am Montag wieder auf shopping tour gehen kann.

Ich fühle mich hundert Jahre alt. Woran wir als Eltern nicht denken, wenn wir Kinder bekommen, ist, dass die Welt immer den Kindern gehören wird. Wir werden in ihrer Welt leben. Und nicht sie in unserer. Dass mit »gehet hin und werdet wie die Kinder« allerdings gemeint sein konnte, dass ich Plastiktüten schwenkend durch eine shopping mall stolpere, das schafft mich schon. Das Haltesignal ertönt. Das Elternschulfach ›shoppen‹ ist für heute beendet. Dachte ich jedenfalls.

Bis uns ein grimmiger Vierjähriger, zur Zeit Superman-Junior, die Haustür öffnet. »Wo wart ihr?«, fragt der Kindergarten-Held und hat mit seinem Plastikdegen bereits zwei meiner Tüten aufgeschlitzt. »He, warte mal, wir haben dir ja was mitgebracht!« Doch das Transformer-Car kann ihn nicht wie erwartet besänftigen. »Ich will auch in die Stadt!«, erklärt Superman und setzt seinem Erzeuger die Klinge an den Hals. Ich rücke die Hunderter raus. »Mehr!«

»Es ist alles was ich habe!«

»Okay.« Er steckt den Degen in die Scheide, und während ich ohnmächtig auf dem Dielenboden aufschlage, höre ich von Ferne noch, wie die liebreizendste aller Töchter dem kleinen Konsumritter zuraunt: »Einkaufen ist einfach nicht Papas starke Seite!« Dann schwebt Superman aus dem Fenster. Bereit, Kaufrausch-City zu erobern.

Hast coole Eltern
Mir fällt ein Stein vom Herzen

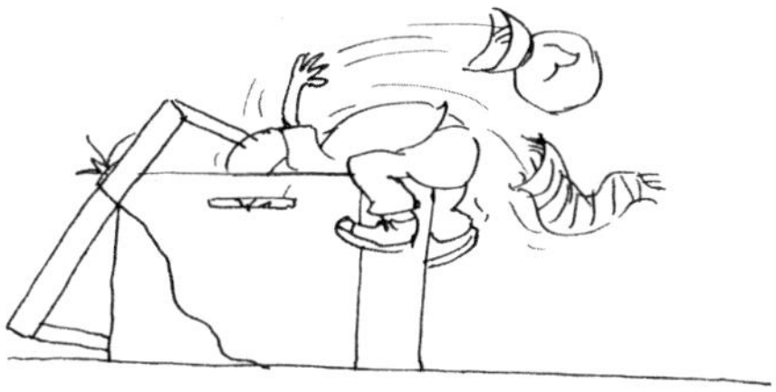

Freunde

Manchmal weiß ich nicht, wie viele Kinder ich habe. Dem Lärm nach habe ich eine Schulklasse gezeugt. Ich trete dann auf den Wohnungsflur und zähle nach. »Eins«, zähle ich. »Hallo, Papsie!«, sagt die Eins. »Zwei«, zähle ich weiter. »Ich kill dich jetzt!«, sagt die Zwei. Und ein Gummidolch explodiert in meiner Magengrube. »Hi, du musst Benjamin sein. Ich bin Billys Papa«, stöhne ich, während ich Halt suchend einen Mantel von der Garderobe reiße. »Was machst du da?«, fragt eine Drei. »Ich zähle Kinder,« sage ich. »Du bist ein lustiger Papa«, sagt die Drei. Aber ich bin gar nicht ihr Papa.

Ich schleppe mich dann in die Küche, um mich bei meiner zärtlichen Frau auszuheulen. »Ach«, sagt sie, »erstens ist das nicht Benjamin, sondern Tobias. Und zweitens ist es doch herrlich, wie selbstbewusst die Kinder heute sind. Und jetzt leg endlich den Trenchcoat aus der Hand.« »Ich bin gerade niedergestochen worden«, wimmere ich. Aber da ist sie schon raus und hängt den Trenchcoat wieder an die Garderobe.

Selbstbewusst? Was, bitte schön, ist daran selbstbewusst, die Väter anderer Kinder mit einem Gummidolch hinzurichten?

»Sei doch froh, wie viele Freunde deine Kinder haben«, hebt meine kluge Frau wieder an und schaufelt einen Haufen neonfarbener Ranzen aus der Küche. »Und sie alle fühlen sich hier wie zu Hause und behandeln dich eben wie ihren eigenen Vater.«

»Ich würde mich hier auch gerne zu Hause fühlen«, sage ich. »Was gibt es zu essen?«

»Oh, tut mir leid. Ich wusste ja nicht, dass Tobias und Anja mitkommen würden. Du musst dir ein Brot machen.«

Seufzend trotte ich zum Kühlschrank. Die Kids sehen offenbar längst alle Eltern als ihre eigenen an. Sie setzen sich jedem auf den Schoß, fressen die Spaghetti Carbonara weg und sagen dir, du hättest ein komisches Gesicht. Ich bin immer noch erstaunt, wenn wildfremde Knirpse in meinen Steuerunterlagen nach Smarties wühlen. Oder meine Bandscheiben von einer Herde Jungfohlen geplättet werden. Denn kaum schultere ich eines meiner zartgebauten Kinder, stürzen sich die genetisch von Sumo-Ringern stammenden Klassenkameraden natürlich auch auf mich. Solche Augenblicke nackter Existenzangst haben mich vom Sinn leiblicher Elternschaft überzeugt. Die Kinder nicht. Weil Eltern so viel arbeiten und so wenig da sind, haben Kinder eine Lösung gefunden. Die Eltern, die gerade da sind, gehören allen.

Man darf ihnen die Knoten aus dem Jo-Jo fummeln, die ihr eigener Vater vermutlich nicht aufbekommen hat, und ihnen die Spielregeln für »Siedler« erklären, weil keiner in ihrer Familie Brettspiele leiden kann. Dafür fragen sie mich nach jedem Telefonat: »Wer war das?«, obwohl sie von meinen Bekannten kein Schwein kennen, und verwirren mein Sexualleben. In völliger Unkenntnis der ungeschriebenen Familienregeln stehen sie mitten im heiligen Wochenend-Morgen-Akt an der Bettkante, äußern gnadenlose Dinge wie: »Du, weißt du, uns ist gerade ein Ei runtergefallen«, und hinterlassen mich im Viagra-reifen Zustand.

Unsere Wohnung quillt über von seltsam bedruckten Sweatshirts, herrenlosen Zahnbürsten und vereinsamten Kindersöckchen. Denn wie von einer gigantischen Umwälzpumpe angetrieben, treibt der Strom der Welt-Kids durch die Weiten des Eltern-Universums. Naiv betrachten wir Erzeuger uns noch als Kleinfamilie oder alleinerziehend. Dabei haben die Kinder uns längst zur riesigen Benetton-Familie vereint.

»Kann Franzi heute bei mir schlafen?«, fragt Laura und klaut mir ein Stück Wurst vom Brot. Laura ist ausnahmsweise tatsächlich meine Tochter. Ich nicke.

»Und wie war es bei Franzi?«

»Lustig«, sagt Laura. »wir haben die ganze Zeit Karin geärgert, und dann haben wir sie zwei Stunden auf dem Balkon ausgeschlossen.« Lustig! Draußen sind höchstens zehn Grad. Und die bedauernswerte Karin ist zweiundvierzig Jahre alt und Franzis Mama. Nächstes Mal, wenn ich sie sehe, bringe ich Franzis Mama einen Gummisäbel mit.

POMMES
MIT 1,50
OHNE 1.-
SUPER
BIG
L
XL
XXL
Einmal Cheese-burger: Ein Euro.
Nehmen Sie auch Schul-brote in Zahlung?
T. GAY

Schulbrote

Die Vergeblichkeit allen Strebens ist sprichwörtlich. Aber Eltern glauben gerne, sie würden dem entkommen. Denn was, bitte schön, macht Sinn, wenn nicht Kinder? Eltern könnten ein wunderbar sinnerfülltes Leben leben. Wenn es nur die Schulbrote nicht gäbe.

Jeden Morgen tobt der Kampf um die angeblich so gesunden Schulbrote. Möchtet ihr Schinken oder Fleischwurst? Nein, sie möchten Gouda. Sie möchten jeden Morgen Gouda. Normalerweise gibt es Gouda in Jung, Mittelalt und Alt. Bei uns gibt es ihn noch in den Varianten gipsig-bröckelig, steinhart und feriengetrocknet. Diese Reifungsgrade erzielt man durch Lagerung eines gewöhnlichen Gouda-Schulbrotes in einem bunten Plastikranzen. Besonders schmackhaft gelingen sie in der Seitentasche. Absolute Spitze ist der Große-Ferien-Getrocknete, der nur einmal im Jahr hergestellt wird. Er zeichnet sich durch seinen strengen Verwesungsgeruch aus, der der Familie sofort entgegenschlägt, wenn sie aus dem Sommerurlaub heimkehrt. Sodass alle befürchten, Nachbarin Melanie habe doch vergessen, die Meerschweinchen zu füttern. Aber Ninni und Mumi geht es glänzend. Nach Tagen des Schnüffelns, »Mein Gott, Kinder, wechselt mal wieder die Socken!«, wird ein besonders gelungener Jahrgang des Große-Ferien-Goudas aufgefunden. Ein tiefgrün marmorierter Klumpen, den man gleich mitsamt der Butterbrotdose entsorgt, um keine Seuche in der Familie ausbrechen zu lassen.

Dass man ihn nicht eher entdeckt, liegt eben daran, dass Eltern nicht wahrhaben wollen, dass sie keinerlei Einfluss auf das Leben ihrer Kinder haben. Sie wollen nicht wahrhaben, dass sie vierzig Mal daran erinnert haben, den Ranzen auszuräumen. Und dass es ihren Kids vierzig Mal schnurzpiepegal ist.

Jedenfalls hat man nach sechs Jahren Schulbrot schmieren die Nase voll. Die Ehefrau hatte zudem etwas feministische Angst bekommen, dass sie dabei war, einen kleinen Pascha zu züchten. Und so wird dem Siebtklässler verkündet, dass er ja von nun an seine Schulbrote selber schmieren könne. Nachdem der Filius sein erstes Brot – Toastbrot mit Marmelade! – selbst geschmiert hat, bemerkt er cool: »Ich dachte mir schon, dass ich es alleine kann.«

Für den Kleinen schmiert man jedoch unverdrossen weiter. Nur, dass er nicht einmal Gouda isst. Keine Wurst, keinen Käse. Nur einen zähen, fettigen Aufstrich aus dem Reformhaus, den aber auch nur in der Championvariante. Und mit Marmelade. Die sickert bereits nach zwei Minuten durch die Brotpapiertüte und besudelt das Diktatheft, weswegen ich dem Kind noch schnell eine Entschuldigung schreiben muss. *Liebe Frau Schieweck, ich bitte zu entschuldigen, dass ich als Erziehungsberechtigter Marmelade an das verfluchte Diktatheft geschmiert habe. Die Brotdose hatte sich entmaterialisiert. Ich hoffe, Sie wissen, dass Brotdosen so etwas tun! Wir werden eine neue besorgen. Mit freundlichen Grüßen!*

Nicks Freund Sam feierte übrigens gerade seine zwanzigste Brotdose. Sams Mama ist Engländerin und mit entsprechendem Humor ausgestattet. Sie feiert so was. Vier Dosen wurden in den Büschen des Schulhofes wiedergefunden. Eine hatte ein Hund zum Hundeklo erkoren. Und die anderen mochte auch niemand mehr anfassen, und so wurden sie dem Hausmeister überlassen.

Von den geschätzten rund zweitausend vom Küchentisch an den Start gehenden Schulbroten erreichen ohnehin nur ungefähr neunzig ihr Ziel: den Magen des eigenen Kindes. Rund siebenhundert werden gleich zu Hause vergessen. Neben der zusammenbrechenden Mutter, die: »Ich kann es nicht fassen, er hat schon wieder sein Schulbrot liegen lassen!«, schluchzt. Vierhundert werden gegessen. Aber leider nicht vom eigenen Kind. In jeder Klasse gibt es mindestens einen Mitschüler mit ausgezeichnetem Appetit, an den die ungeliebten Brote in der Pause verfüttert werden. Einhundertfünfzig werden nicht gegessen, weil irgendwer in der Klasse Geburtstag feiert und Kuchen mitgebracht hat. Dreihundert Pausenbrote werden nicht gegessen, weil in der Pause keine Zeit dafür war. Fünfzig, weil dem Kind in der Schule schlecht war. Mindestens weitere dreißig werden beim Spielen zerquetscht, zerfleddert oder landen halb angebissen im Dreck. Der Rest gilt als unbekannt verschollen.

Und so stehe ich dann ergeben mit der Championpaste in der Hand in der Küche. Ich erinnere mich an die Pausen meiner eigenen Schulzeit, in denen ich mit einem Graubrot im Hals mit dem Erstickungstod rang. Wie schön es ist, denke ich. Dass es die guten alten Dinge gibt. Die sich nicht verändern. An die Generationen vor und nach mir, die Schulbrote geschmiert haben und schmieren werden. Eine Lawine von Millionen Schulbroten, die sich durch die Geschichte wälzt. Deren gewellte Hälften auf- und zuklappen. Und die dabei leise das Lied der sich tapfer, aber vergeblich mühenden Mamas und Papas singen. Die nie aufhören werden zu glauben, dass sie mit einem leckeren Schulbrot das Schicksal ihrer kleinen Monster ganz entscheidend beeinflussen.

Was ist los??
Du stehst im Abseits!
T. GAY

Spielregeln

Der wahre Grund, Vater zu sein, enthüllt sich, wenn der Sohn mit dem Ball unter dem Arm neben dem Schreibtisch auftaucht, um eine ordentliche Partie Fußball zu spielen. Das Herz geht auf, der Griffel fällt, und sofort bereit, den Klose zu machen, knall ich den Ball gegen die Flurlampe. »Papa! In der Wohnung darf man keinen Fußball spielen!«

Endlich draußen, baut der Sohn die Tore auf. Ein schuhkartongroßes für sich. Und eines, in dem selbst Jens Lehmann keine Chance hätte, für seinen Papa.

»So ein richtiges Spiel wird das wohl nicht«, sagt da jemand. Am Spielfeldrand steht ein kleiner Junge. Er verzieht das Gesicht. »Hallo«, sage ich und flüstere ihm zu: »Verstehst du? Die Spielregel Nummer eins besagt nun mal, dass Billy gewinnen muss. Sonst ist er enttäuscht!«

»Na, wenn du meinst«, sagt der Junge und hockt sich auf die Wiese.

»Bis zehn Tore!«, bestimmt Billy, legt den Ball auf meine Torlinie und stupst ihn drüber. »Eins zu null!« Mit Mühe bringe ich ihn davon ab, dasselbe gleich noch mal zu tun. Sachte trudele ich den Ball auf ihn zu. »Nein, Papa! Du musst richtig spielen!« Er greift sich den Ball, aber ich irre mich, als ich glaube, er wolle ihn mir geben. Er schmeißt ihn in mein Tor und kräht dazu: »Zwei null! Zwei null!«

»Ach komm, du darfst ihn doch nicht einfach reinwerfen!«, protestiere ich.

»Doch, als Torwart darf ich das wohl!«, schlaumeiert er.

Der kleine Junge grinst herüber: »Macht Spaß, was?«

Ich einige mich derweil mit Billy darauf, dass man Fußball mit den Füßen spielt. Beim Stand von sechs zu drei erklärt mein Sprössling dann, dass wir nur bis sieben spielen, und schießt den Ball in mein Tor. Ich gucke zu dem kleinen Jungen rüber, aber der steckt die Hände in die Taschen und studiert aufmerksam einen Müllcontainer.

Mit der Aussicht auf eine Portion Eis überrede ich Billy zu einer zweiten Partie. Als ich versehentlich mit vier zu drei führe, wirft er sich lang ins Gras und ist nur durch das Zauberwort »Vanilleeis« wiederzubeleben. Also Halbzeit.

Der kleine Junge trabt vergnügt mit zur Eisdiele und wählt Zitrone und Schoko, genau wie ich.

»Ich wette, er hat gleich überhaupt keine Lust mehr«, sagt er und zeigt auf Billy, der gerade einen Dackel mit seinem Eis beträufelt.

Noch mit den Eistüten in der Hand kicken wir weiter. Aber eigentlich wühle ich nur in Brennnesseln und stacheligen Büschen. Denn egal, wo der blöde Ball auch landet, jedes Mal muss ich ihn wiederholen. Mal schieße ich angeblich so doof, mal hätte ich, kreischt Billy, besser aufpassen müssen. Der kleine Junge hat sich hinter mein Tor gestellt und holt den Ball für mich.

»Ich finde, dein Sohn nervt«, sagt er.

»Na ja«, schnaufe ich, »aber er ist doch noch klein.«

Als ich dann das nächste Tor schieße, sagt Billy plötzlich »mieh«. Das würde bedeuten, dass jetzt nichts gelte. Also mein Tor auch nicht.

Der kleine Junge verdreht die Augen. »Das ist vielleicht 'ne komische Regel!«

»Los, komm«, ruf ich ihm zu, »jetzt spielen wir mal!«

Er rennt sofort los. Wir dribbeln wie Schneider und Podolski. Jawohl! Und peng! Ein Volltreffer! Billy haut es glatt um, und das Vanilleeis klebt jetzt auf seiner Nase.

Auf dem neuerlichen Weg zur Eisdiele frage ich den kleinen Jungen, wie er denn eigentlich heiße. »Ich bin der kleine Oskar«, sagt er.

»Du meinst, du bist ich? Ich in Klein? Du bist mein früheres Ich, mein inneres Kind, über das es all diese Psychobücher gibt?«

»Genau der!«

Ich schaue ihn schweigend an. Ich bin beeindruckt und muss lächeln. »Früher nannte man dich ›das Kind im Manne‹«, sage ich. »Das fand ich immer ziemlich dämlich. Ich musste immer an Typen im Anzug denken, die neben ihrer Modell-Eisenbahn auf dem Teppichboden hocken. Aber jetzt verstehe ich! Morgen spielen mal nur wir zwei!« »Darf ich dann die Spielregeln bestimmen und auch mal gewinnen?«, fragt mein kleines Ich.

»Nur du allein!«, sage ich. Aber da hat sich der kleine Junge schon vor Zufriedenheit aufgelöst.

»Komm jetzt endlich, Papa«, Billy hat meinen Arm gepackt und zerrt an mir, »ich will noch weiterspielen. Ich führe doch gerade.«

Ich glaube, Papa findet das nicht gut.
Dann lassen wir morgen mal Papa in die Mitte
P. GAY

Sex

»Du fickst zu viel!«

»Bitte?«

Ich bin es nicht gewohnt, mein Sexleben von Vierjährigen zensieren zu lassen.

»Machst du aber!!!«, sagt er und popelt in seiner Nase.

Ich fummele plötzlich auch nervös an meiner Nase herum und suche meine großartige Ehefrau. Sie zupft gerade ihre Augenbrauen.

»Nick hat gerade gesagt, ich ficke zu viel«, flüstere ich ihr heiser zu.

»Nicht mit mir!«, sagt sie, ohne ihr Gesicht vom Spiegel zu drehen. »Und, hast du was an der Nase?«

Es ist nicht leicht, in dieser Welt Verständnis zu finden.

Glücklicherweise finde ich dann mein Eltern-Ich wieder und erinnere mich, dass Kinder ja keine Ahnung von Sex haben. Wenn Nick in jede Fischstäbchenwerbung hineinkräht: »Käpt'n Iglo sitzt im Boot und rubbelt sich die Eier rot«, dann beweist das keineswegs, dass mein Kleiner sich in die sexuellen Nöte von Seemännern einfühlen kann. Es beweist nur, dass die Früherziehung in seinem Kinderladen wirkliche Fortschritte macht. Er kann jetzt reimen.

»Sag mal, was bedeutet das eigentlich, ›ficken‹?«, sage ich.

»Du machst das zu viel!«

»Ja ja, aber was macht man, wenn man fickt?«, ein wenig fürchte ich schon, dass er es mir gleich vormacht.

»Kämpfen!«, sagt er. Ich verspreche ihm, nicht mehr so viel zu kämpfen, und er verspricht, lieber wieder »kämpfen« zu sagen. Ich nehme ihn in den Arm. Ich wusste doch, er hat keine Ahnung von Sex. Hat er aber doch.

Denn zwei Tage später ist Sonntagmorgen, und sein Stimmchen ertönt plötzlich mitten in unserem Schlafzimmer.

»Macht ihr da?« Nick betrachtet äußerst interessiert, was ich da auf Mama mache. Und wie Mama ganz hektisch im Bett herumtastet und panisch versucht, die Bettdecke über mein Hinterteil zu ziehen.

»Sag mal, was willst du denn jetzt hier?«, japse ich, nachdem ich meinen Schock überwunden habe, und versuche dabei gleichzeitig, möglichst unauffällig aus der taoistischen Liebesstellung »Verschlungene Mandarinenten« zu gleiten.

»Macht ihr da?«, wiederholt der Knirps. Reibt seine Äuglein und tapert bis an die Bettkante. Eros macht jetzt endgültig die Flatter. Und wieder wurde ein mögliches Geschwisterchen erfolgreich verhindert. Angeblich mögen Kinder ja Geschwister. Aber ich glaube, das ist nur Tarnung. Kinder wollen Einzelkinder sein. Wollen Mama, Papa und die Tiefkühlpizza ganz für sich alleine haben. Kinder haben zwar keine Ahnung von Sex, aber sie ahnen immer, wenn er stattfindet. Kinder wirken empfängnisverhütend. Denn sie besitzen, so zeigt meine klinische Beobachtung, ein super funktionsfähiges Geschwister-Abwehr-System (kurz: GAS). Dieses gehirneigene GAS steuert, dass das Kind sich plötzlich ganz schrecklich gruselt, langweilt oder aufs Klo gebracht werden muss, sobald Eltern vermehrt Sexualhormone ausschütten. Das GAS entwickelt sich, sobald die totale Erschöpfung der Eltern durch nächtliche Hungeranfälle, Zahnungsschmerzen und Verdauungsbeschwerden des Kindes nicht mehr gewährleistet ist. Sobald Elternkörper beginnen, andere als Schlafbedürfnisse wahrzunehmen, sorgt es dafür, dass sie niemals dazu kommen, diese anderen Bedürfnisse auch auszuleben ...

Das GAS erlaubt ihnen, treffgenau zu stören, sobald ihre Erzeuger drohen, neues Leben zu erzeugen. Inmitten der coitalen Verzückung stecken sie ihren kleinen Kopf durch den Türspalt und fragen scheinheilig: »Kommt ihr?« Und Papa kommt. Wutschnaubend verlässt er die Stätte der Lust, um dem miesen, kleinen Sexverhinderer seinen Apfelsaft einzuschenken. Die Elterngesellschaft wiederum setzt ihre stärkste Waffe ein, um das GAS abzulenken. Den Fernseher. Nie ist das Fernsehen ein verlässlicherer elektronischer Babysitter als am Sonntagmorgen. Sonntagmorgens läuft auf jedem Kanal das volle Kinderprogramm. Vermutlich weil Fernseh-Intendanten erstens auch Kinder haben. Und zweitens auch gerne manchmal Sex hätten. Dass dies ein gesamtgesellschaftlicher Prozess ist, lässt sich auch daran ablesen, dass um diese Zeit die Kirchen leer sind. Gute Christen versuchen um diese Zeit, mit Donald Ducks Hilfe Sex zu haben.

Also sage ich: »Möchtest du vielleicht fernsehen?«

Und schon zappe ich Nick und mich durch vierzig Kanäle.

»Das vielleicht, möchtest du das vielleicht angucken?«

Vierjährige sollten nicht fernsehen. Denn bis sie sich entschieden haben, ist die Sendung um. Nach zehn Minuten hat er endlich eine Zeichentrickserie mit einer blöd aussehenden Bulldogge gefunden, die er sehen will. Womit mir noch zehn bis fünfzehn Minuten bleiben, um Eros zurückzupfeifen. Während ich durchfroren den Flur entlangsprinte, denke ich, dass Fernseh-Intendanten offenbar nicht viel Zeit zum Sex brauchen, sonst würden sie längere Trickfilme produzieren lassen.

»Ich dachte schon, du hättest es dir anders überlegt?«, sagt meine Frau. Aber ich habe es mir nicht anders überlegt.

Eros kehrt zurück. Aber kaum ist er da, ist er auch schon wieder weg. Denn auch Nick ist schon wieder da.

»Papa, komm mal umssalten!«

Die blöde Bulldogge fände er gruselig, und jetzt habe er Angst. Eigentlich bin ich nicht überrascht. GAS arbeitet eben perfekt. Diesmal nehme ich meinen Bademantel mit, und als ich dann Stunden später wieder an mein Bett gerobbt komme, da schläft Eros. Und neben ihm meine Frau. Ich lege mich gleich dazu. Noch zehn bis fünfzehn Minuten schlafen. Vermutlich ist es das, was Intendanten wollen.

Telefonieren

Wer hätte gedacht, dass die Deutsche Telekom meinen Hormonpegel beeinflussen kann? Aber ich kriege unzweifelhaft einen leichten Adrenalinflash, als mein grandioser Sohn jetzt nach dem Hörer grabscht. Es macht nichts, wenn er einfach wieder auflegt. Es ist mir schnuppe, wenn er den armen Anrufer über seine familiäre Anbindung ausquetscht: »Kenn ich dich? Und kennt Laura dich? Und kennst du Mama?« Aber mir graut davor, dass er sich ganz vorbildlich meldet. Was er dann natürlich tut: »Hallo, hier ist Billy!« Hilflos ergebe ich mich meinen Schicksal: »Nein«, so telekommuniziert Junior meinem Steuerberater, »Papa kann jetzt nicht. Der kackt gerade.«

»Kinder«, so ermahne ich mich in diesem schamdunklen Augenblick, »Kinder müssen frei telefonieren können.« Im Zeitalter totaler Kommunikation ist es schließlich völlig schnuppe, ob Fünfjährige noch eine Windel brauchen. Hauptsache, sie können zum Handy greifen und ihren Erziehungsberechtigen darüber informieren, dass sie trockengelegt werden müssen. Vorbei die Zeiten, in denen die kindliche Entwicklung durch Banalitäten wie das Verhältnis zur Muttermilch und den Neid auf Papis Schnic delwutz geprägt waren. Heute hängt alles davon ab, wie ungestört sich die Kleinen durch die telekommunikativen Kindheitsphasen quatschen können.

Die erste telekommunikative Kindheits-Phase ist die antikommunikative Testphase. Sie beginnt unmittelbar nach dem Kaiser-

Mama?
Wir möchten eine Bestellung aufgeben. Für Kerstin Gummibärchen, für mich eine Cola.
P. GAY

schnitt. Für ein gutes Telefonat spucken Säuglinge vom ersten Tag an ihre Milchbar aus. Und begleiten Mamas Telefonat mit entnervendem Gebrüll. Sie hören erst wieder auf zu brüllen, wenn Mama endlich genervt den Hörer aus der Hand legt.

Nichts fasziniert sie mehr, als das Piepding. Sobald sie robben können, zerren sie wild rasselnde Fisher-Price-Phones hinter sich her und bewerfen ihre Großmütter mit ihren Handy-Nachbauten. Oder bringen alternativ die nicht so bruchfesten Designertelefone ihrer Erzeuger zum Schweigen. Dass das Telefonkabel die Nabelschnur zur Welt ist, erfassen sie sofort. Mit Nabelschnüren kennen sich Babys aus. Sie verwuseln es zu gordischen Knäueln, oder zernagen es zwecks besserer Zahnung. Die Entwicklung schnurloser Telefone und Handys hat kein Stück weitergeholfen. Hastig werden die piepsenden Kommunikationseier aus Handtaschen geklaubt, stolz watscheln die Windelwunder damit davon. Mama kann Ostern feiern und sich selbst anrufen, um ihr Kommunikationsei unter den Kuscheltieren aufzuspüren. Wenn sie Glück hat. Denn vielleicht wurde das schnurlose Telefon ja auch im Müll entsorgt oder im Geschirrspüler ertränkt. Dass die Handytasten auf die Größe von Babyfingern zugeschnitten sind, bleibt auch Babys nicht verborgen. Und so wurde der Inder von der Telefon-Hotline zeitweise zum wichtigsten Außenkontakt, weil mich kein Schwein mehr anrufen konnte. Babys flinke kleine Finger hatten Rufumleitungen programmiert, die selbst bei Nokia noch unbekannt waren.

In der darauf folgenden obszön-telekommunikativen Phase können Sprösslinge ein Telefon korrekt halten, sehen aber noch keinerlei Sinn darin, in den komischen Knochen hineinzusprechen. Sie lauschen nur verzückt keuchend. Und simulieren durch ekstatisches Geröchel den perfekten obszönen Anruf. Wie besessen rasen sie jedem Anruf entgegen. Gelingt es Eltern mittels einer olympiareifen Dreisprungleistung trotzdem, vor den Telekids an der Station zu sein, werden sie so lange genervt, bis sie klein beigeben. »Entschuldigen Sie, aber würde es Ihnen was ausmachen, sich zwischenzeitlich mal kurz eine Stöhnarie von meinem Sohn anzuhören?«

Von der Frage geplagt, wie Oma in den Hörer passt, beginnt der Übergang in die Phase existenzieller telekommunikativer Konfrontation. Was geschraubt klingt. Und es auch ist. Doch kein verdammter Zen-Meister führt unerbittlicher an die Wurzeln des eigenen Seins, als ein Fernsprechmonster in Lauflernschuhen. Arglos ruft man einen Freund an. Der Anruf wird angenommen, und man meldet sich. Und nichts passiert. Die verzweifelt ausgestoßenen »Hallos« verlieren sich in der Leere, bis man schließlich an seinem Verstand und dem technischen Zustand des Telefonnetzes zweifelt. Dann macht es tüt-tüt. Man hat gerade ein Kleinkind glänzend unterhalten.

Beim zweiten Versuch gibt Kurtchen sich zu erkennen. Brav verspricht er seine Mama zu holen. Er braucht dazu geschlagene fünf Minuten. Kommt, taps, taps wieder und legt wortlos auf. Wenn man es schafft, mit vor Wut tonloser Stimme noch mal anzurufen, ist Kurtchen richtig gesprächig:

»Wer bist du?«

„Oskar. Du, sag mal, kann ich mit deiner Mama sprechen?«

»Wer bist du?«

»Ich bin der Oskar, aber jetzt hol mal bitte deine Mama!«

»Du, wer bist du denn?«

»Oskar! Oskar! OOOOsskkaaaar!!!«

»Wer bist du denn? Bist du nett?"«

»Ja, verdammt, aber nicht mehr lange. Hol jetzt bitte verflixt noch mal deine Mama, okay ?«

»Aba, wie siehst du aus?«

Entschiedenere minderjährige Callcenter-Mitarbeiter fackeln nicht lange rum, sondern geben gleich ihre Diagnose durch: »Hallo, du Doofmann!« Und tschüs!

Mittlerweile befindet sich Junior in der Phase der telekommunikativen Totalkommunikation. Er übermittelt neben dem Stand meiner Ausscheidungsfunktionen, dass Mama gerade heult und alle beide gesagt haben, er solle sagen, sie seien nicht da. Die Datenautobahn donnert mitten durch unser Schlafzimmer, und die Welt erfährt dankbar, wann wir es gerade treiben. Mit der Bemerkung »Antje, das Walross !« bekomme ich den Hörer in die Hand gedrückt und darf Tantchen zwei Stunden lang versichern, dass das nie und nimmer eine Anspielung auf ihr Übergewicht gewesen sein könnte. Auch wenn ich gerade nicht geoutet werde, hängt der Nachwuchs am Telefon. Meine himmlische Tochter war bereits mit neun Jahren telekommunikationsmäßig voll in der Pubertät. Schon vor dem Frühstück hatte sie dreimal telefoniert. Erster Anruf: »Hallo Alyna, ist meine Tasche bei dir? Nein? Tschüs.« Augenblicklich der Gegenanruf. Alyna fragt, warum sie das wissen wollte. Zwei Minuten später. Rückruf der himmlischen Tochter: »Soll ich dich zur Schule abholen?« Soll sie. Alyna wohnt, nebenbei bemerkt, im Nachbarhaus. Aber was hat das schon für eine telekommunikative Bedeutung?

Ohne Pubertierende könnte die Telekom dichtmachen. Sie telefonieren immer. Das letzte Gespräch mit meinen Kindern, das nicht von einem Tweetie-Klingelton durchschrillt wurde, liegt ungefähr ein halbes Jahrhundert zurück. Auf Partys hocken Teenies Pobacke an Pobacke und schicken sich dabei aufregende SMS mit der Anfrage: »Rat mal, wer neben mir sitzt?« Jedes Kind besitzt mindestens ein Handy, das in regelmäßigen Abständen verloren, versehentlich in Toiletten versenkt oder geklaut wird, was unweigerlich zur Frage führt: »Kann ich heute mal dein Handy haben. Nur heute. Es ist eecht wichtig! Meins ist nicht geladen. Bitteeee!« Ich sehe natürlich ein, dass irgendetwas unvorstellbar Schreckliches geschehen wird, wenn meine Kinder die nächsten vier Minuten nicht zu erreichen sind. Mein Vaterherz ist weich, und die Handy-Rechnung ist weit weg. Mein Handy aber auch. Ich finde es eine geschlagene halbe Stunde nicht und habe schon das erste Futter aus einer Jacke herausgetrennt. Als ich auf Junior stoße. Er liegt in der Wanne. Er konnte seinen Gameboy nicht finden. Deshalb spielt er jetzt Pimp My Ride auf meinem Kommunikationsei.

Aber trotzdem: Rufen Sie doch mal an. Mich erreichen Sie vermutlich ohnehin nicht. Aber meine Kinder. Und die werden Ihnen gern mehr über mich mitteilen.

Gewissen

Heute Morgen lauert mein Unter-Ich bereits im Badezimmer. »Hallo, Mopsie!«, höhnt es mir entgegen. »Mopsie hat dickes Bauchi. Mopsie wieder zu viel ham-ham macht.« Ungläubig blinzele ich in den Badezimmerspiegel. Das darf nicht wahr sein. Es ist 6.30 Uhr morgens. Ich kann noch nicht sehen, ich will noch nichts hören, und dann das: »Mopsie ist fetti!«, tönt die glockenhelle Stimme weiter. »Passt nicht mehr in sein Hosi. Muss nicht so viel moppeln.« Ich stiere düster dahin, wo noch kiloweise Lasagne und Chianti vom gestrigen Festmahl schwappen müssen. Wieso darf ich eigentlich nicht mal mehr so viel essen, wie ich will? Es scheint ein schrecklicher Tag zu werden. Ich sollte ihn im Bett verbringen.

Doch dazu komme ich nicht, denn meine gewölbte Bauchdecke explodiert. Irgendwas, das kichern kann, hat mich in die Bauchfalte gekniffen. Vor mir steht meine himmlische Tochter. Und kauderwelscht in der nervigen Babysprache aller Neunjährigen, ich müsse mehr »Sportie-Sportie« machen. Dazu patscht sie rhythmisch auf meine Mini-Plauze. Patsch. Patsch. Patsch. Ich mache drei Alibi-Klimmzüge am Waschbecken. Und höre keuchend, wie mein Unter-Ich »So ist's brav!« lobt und dann gackernd verschwindet.

Normale Menschen haben ein Über-Ich, um anständig und schlank zu bleiben. Eltern haben ein Unter-Ich. Das Über-Ich ist

PAPA
MAMA
Was haben wir denn jetzt schon wieder angestellt?!
P.GAY

die Stimme im Kopf, die wir alle aus der Waschmittelreklame kennen. Das Gewissen, das einem zuraunt, dass einen niemand liebt, wenn die Wäsche kratzt oder man mit der Nachbarin fremdgeht. Über-Ichs drohen, wie der Name sagt, von oben. In hellen Momenten erkennen wir, dass es immer noch Mamis Stimme ist, die uns verbietet, im Eiscafé zu rülpsen.

Das Unter-Ich dagegen piepst aus Hüfthöhe. Siegmund Freud hat es nie finden können, weil er nie erlaubt hätte, dass sich kleine Kinder unter seiner Couch verstecken dürfen. Nachdem er schon das Über-Ich entdeckt hatte, hat er ja bestimmt nicht mehr danach gesucht. Falls er es dennoch fand, verwirrte es ihn vermutlich, dass das Unter-Ich der einzige Teil der eigenen Seele ist, der außerhalb wohnt. Und deshalb hat er es schlichtweg verdrängt. Weil das Unter-Ich nämlich der schrecklichste Quälgeist ist, den das menschliche Seelenleben kennt.

Inzwischen sitzt es am Frühstückstisch. »Sseisse sagt man nisst!«, rüffelt es mich aus meinem Vierjährigen an, als ich mich fluchend an der Teekanne verbrenne. »Ich denke, wir essen kein Rindfleisch mehr?«, belehrt es mich aus meiner himmlischen Tochter, die triumphierend mit einer Salami-Scheibe rumwedelt. Und so geht das den ganzen Tag. Beim Einparken heißt es: »Papa, das ist ein Fahrradweg! Sonst meckerst du doch immer. Und jetzt stehst du selbst drauf!« Wenn ich mir eine Zeitschrift kaufe: »Ich denke, du willst nicht mehr so viel Geld ausgeben.« Wenn ich eine Abkürzung nehme: »Papa, man latscht nicht einfach über eine Parkwiese!« Selbst eine Packung nass gewordener Papiertaschentücher darf ich nicht wegwerfen, weil Billy befindet, das sei eine große Müllverschwendung. Ich muss die Papierfähnchen einzeln über die Heizung hängen, wo sie dann zu eierkartonharten Nasenraspeln gebacken werden.

Das Unter-Ich hat immer Recht. Die Natur hat es so eingerichtet. Damit Eltern nie erwachsen oder selbstständig werden, sondern immer von ihren Kindern abhängig bleiben. Es ist umweltbewusst: »Papa, das ist Glas! Das gehört in den Container!« Worauf Papa noch mal in den Müll hechtet, um das zerbrochene Schnapsglas zu bergen und sich dabei die Fingerkuppe absäbelt. Es bewahrt vor dem Knast: »Man darf keine Kinder sslagen. Das iss verboten, du Pupssie!« Woraufhin ich mir vor Wut gleich in die nächste Fingerkuppe beiße. Und es erhält die persönliche Gesundheit: Schon Dreijährige zerbröseln ihrem Erzeuger die Kippe im Mund, sobald er verkündet hat, wieder Nichtraucher zu sein.

Als guter Vater überquere ich selbst stillgelegte Straßenzüge niemals bei Rot, schalte das Wimbledon-Finale im Tiebreak ab, um ja nicht zu lange vor der Glotze zu hängen, und spreche selbst in lebensbedrohlichen Situationen nicht mit vollem Mund. Gute Freunde schwitzen Blut und Wasser, dass ihre pubertierenden Unter-Ichs sie nicht anzeigen, weil sie ihr Auto auf das Wochenendhaus angemeldet haben, ein Wochenende schwarz arbeiten oder mit ihrem alten Kumpel Kurtie einen Joint durchgezogen haben.

Spätabends sinken wir Eltern dann von unserem Gutmensch-Sein erschöpft in tiefen Schlaf. Und träumen sehnsüchtig davon, wie herrlich es sein muss, groß zu sein. Wenn die Kinder aus dem Haus sind. Und wir endlich machen können, was wir wollen.

Schmutz

Offenbar ist Schmutz eine philosophische Kategorie. Wie Freiheit. Oder Moral. Denn besonders die minderjährigen Bewohner bodennaher Regionen scheinen darüber ihre eigenen Vorstellungen zu haben. Wie ist es sonst zu erklären, dass mir mein Großhirn eindeutig eine bräunlich zähe Masse meldet, mit der die Überreste einer Bananenschale an einem Snoopy-Sweatshirt festkleben. Aber vor mir kreischt ein Rumpelstilzchen: »Gar nicht! Das Sweatshirt ist gar nicht dreckig!«

Ich glaube ja immer noch, Schmutz sei eines der einfacheren Dinge des Lebens. Man weiß, was es ist, wenn man hineinfasst. Vorsichtig nähere ich meinen Zeigefinger Snoopys dicker Nase. »Aua!« Der Schmerz ist hell und scharf. Snoopy hat zugebissen, und ein jetzt frech grinsendes vierjähriges Rumpelstilzchen hat ihm offenbar seine Zähne dafür ausgeliehen. Woraufhin wir uns natürlich streiten. Und dann vertragen wir uns wieder. Und dann nehme ich Rumpel-Billy auf den Arm. Und plötzlich weiß ich wieder, wieso Liebe ein schmutziges Geschäft ist: Als Snoopy meine Weste knutscht.

Aus Streicheleinheiten gehe ich stets besabbert hervor. Doch weil Liebe ja blind macht, entdecke ich erst Stunden später, dass meine Hose aussieht, als habe ich mit den Kniescheiben Kartoffeln püriert. Bei einem chronisch vollgesauten Papa wie mir setzt dann sofort der Schulter-Säuberungsreflex ein. Meine Hand schnellt hoch, und ich pule die Kleinkind-Halter-Abzeichen ab.

BITTE VERLASSEN SIE DAS ZIMMER SO WIE SIE ES VOR-GEFUNDEN HABEN
BLUES

Jene hinterhältigen Spuren kleiner Patschhändchen, die alle Eltern rücklings schmücken. Dann wische ich noch unauffällig die Kakaospritzer von den Schuhen, fummle die Meerschweinchen-Ködel vom Ellenbogen und sehe wieder ganz manierlich aus. Während die Hälfte aller Fernsehprogramme aus Putzmittelwerbung besteht und Meister Proper gute Chancen hätte, zum Bundeskanzler gewählt zu werden, glibsche ich in einer Schoko-Popel-Knete-Schmiere durchs Leben.

Als Baby seine erste Pulle leer nuckelte, hatte ich meine erste große Ekelprüfung. Meine Überfrau war gerade aus der Tür, ich nahm Baby freudig auf den Arm und erklärte ihm, dass wir zwei uns jetzt einen wunderschönen Abend machen würden. »Wunderschön. Wunderschön«, brabbelte ich freudig und pikste Baby liebevoll in den Bauch. »Bööaahh«, sagte Baby und spuckte mich genauso freudig mit zwei Litern frisch gegorener Sauermilchpampe von oben bis unten voll. Mit Baby auf dem Arm stieg ich in voller Montur in die Wanne. Ich fühlte mich befreit. Ich dachte, kein Schmutz der Welt könne mir jemals wieder etwas anhaben. So was denkt man ja gerne. Ich dachte das auch noch, als die ersten Windeln vom Wickeltisch klatschten. Mit dem Belag nach unten. Ich dachte es auch noch, als ich den Flurteppich rausriss, weil Moorblumen darauf zu blühen begannen. Und als ich neue Küchenstühle kaufte. Weil sich niemand mehr erinnern konnte, ob wir sie wirklich in Schokokackbraun gekauft hatten.

Ich lernte damit zu leben, auf dem Klo stets in einem niedlichen Pfützchen zu waten. Ich akzeptierte, dass mein Auto als Zuchtanstalt für Schimmelpilze missbraucht wird. Gedeihen Grünschimmel-Kulturen besser auf eingetrockneter Cola, Pistazien-Eis oder auf platt gesessener Kinderschokolade? Ich wurde glücklicher Bewohner der Eltern-Schmuddelwelt. Ich biss in Brötchen, die bereits über die halbe Stadtparkwiese getrudelt waren, küsste kleine Schnuten, über die der Rotz in Strömen rann, kratzte wie selbstverständlich größere Portionen Hundekacke von der Auslegware. Ich konnte nie in meine Taschen greifen, ohne dabei nicht wenigstens in ein voll geschnaubtes Taschentuch zu greifen. Ich war wirklich bereit, mein Leben als wandelndes Einmal-Handtuch zu akzeptieren. Nichts Menschliches schien mir mehr fremd.

Doch eines Abends am Esstisch wurde ich von dieser Illusion geheilt. Ich atmete noch völlig normal, obwohl meine Kinder im Gläserumschmeißen gut in Form waren und bereits drei Liter Orangensaft in den Aufschnitt gepumpt hatten. Auch die Packung Vitamin-Tabletten, die in den Salzgurken versenkt wurde, fand ich noch zum Kichern. Was mir meine Überfrau schon übel nahm. Doch dann schleppte meine himmlische Tochter ihr tolles selbst gemachtes Musikinstrument herein. Genial war ein alter Auspufftopf mittels einer Wurzel mit einem ausgedienten Nachttopf verbunden. Mit Matsche abgedichtet, konnte man an einem verrosteten Draht zerren. Das Ganze machte »knoorrhhhr«, und augenblicklich befand sich die Küche in renovierungsbedürftigem Zustand. Ich schrie »Mein Gott!«. Und die himmlische Tochter hasste mich wochenlang, weil ich den Klangkörper nur für Openair-Konzerte auf dem Balkon freigab.

Glücklicherweise schlug ich damals wenig später ein Trend-Magazin auf und entdeckte: Fettige Haare, speckige Klamotten, gräuliche Kleidung. Die Welt hatte offenbar ein Einsehen mit den Eltern. Ich kaufte mir sofort eine CD mit dem Hit: »Riecht wie Teenager-Pisse« und war glücklich, endlich voll in einem Modetrend zu liegen. Kommt ihr Kleinen, schmiert mich voll, ich will ausgehen! Für die Kids änderte sich nichts, denn das taten sie ja ohnehin. Aber ich triumphierte über die geleckte Welt, die nur keimfreie Singles und putzsüchtige Ex-Mütter aufrechterhalten können.

Seitdem verfolge ich voller Faszination die kindliche Schmutzphilosophie. Sie lieben alles, was schleimt und schmiert. Sie schaffen sich extra slime und andere Abscheulichkeiten an und geraten ob der Bemerkung, Käse sei eigentlich verfaulte Milch, in richtiggehende Ekstase. Sie lieben es, die Spuren ihres Tuns als schwarze Fingernägel stets vor Augen zu haben oder als Abdruck aufs Toastbrot zu drücken. Dreck ist das Größte, so könnte man meinen, weil einem nichts verloren geht, da ja alles an einem kleben bleibt. Doch tatsächlich ist Schmutz, so lernte ich, dazu da, sich »sauwohl« zu fühlen.

Ich wollte meiner himmlischen Tochter irgendeine unidentifizierbare Pampe von der Nase wischen. »Lass das!«, maulte sie. »Aber du siehst bescheuert damit aus!« »Na, und?«, die himmlische Tochter guckte mich mitleidig an und offenbarte ihrem dämlichen Papa das tiefe Geheimnis des Drecks: »Ohne Dreck«, so sprach sie, »ist es doch nicht mehr gemütlich!«

MODE
Suchst du die Mama oder den Papa?
Wenn heute Wochenende ist, den Papa.
P. GAY

Vergleichen

»Findest du Wachsmalstifte besser oder Filzer?«, fragt mich Billy. Ich habe gerade einen Wal gezeichnet, der nicht aussehen will wie ein Wal. Er sieht aus wie eine saure Gurke. »Also, je nachdem, was ich gerade male«, sage ich. »Ja, aber Papa, welche magst du lieber?«, sagt er gereizt und wedelt schon etwas heftiger mit dem Stift.

»Ich weiß es nicht, Billy! Das kann ich so nicht sagen.«

»Aber Papa, jetzt sag mal!«

»Ich weiß es nicht! Du weißt doch auch nicht, ob du nun Mama lieber magst oder Papa.«

»Doch! Mama! Du bist nämlich doof!«, sagt mein grandioser Sohn. Mir bricht der blöde Wachsmalstift ab, und ich sage: »Okay, dann eben Filzer. Filzer!«

»Ich finde Wachsmalstifte besser«, sagt Billy daraufhin. »Da habe ich mehr von.«

»Was magst du lieber?« Von dieser ständigen Frage ermattet, habe ich mich schon leidenschaftlich zu Benjamin Blümchen bekannt, obwohl er mich genauso nervt wie Bibi Blocksberg. Sogar der Nikolaus hat mir dieses Jahr nichts gebracht, weil ich ihn zu Gunsten des Osterhasen verleugnet habe. Und jedem Bounty erzählen meine Kleinen, dass ich es lieber aufessen möchte als all die andere Schoki im Laden. Was völliger Blödsinn ist, aber mir die ewige Frage nach meiner allerliebsten Süßigkeit erspart. Allerdings habe ich mich entschlossen geweigert, eine

Antwort zu geben, als ich mich entscheiden sollte, welcher ihrer Opas besser aussieht.

Ich male mein Bild zu Ende und bin erstaunt, dass aus meiner sauren Gurke ein kleiner Elefant geworden ist, der »törötörö« macht. Benjamin Blümchen! Irgendetwas an der ewigen Fragerei danach, was ich denn besser finde, macht mich kribbelig. Wie der Mensch glücklich wird, ist mir ja noch immer unbekannt. Aber ich weiß schließlich, wie man sofort unglücklich wird. Indem man seine Frau mit Claudia Schiffer, sein Auto mit einem Lamborghini und sein Leben mit dem von Buddha vergleicht.

Für Kinder dagegen ist Vergleichen eine prima Sache, um sich in der Welt zurechtzufinden. Wo immer es etwas zu vergleichen gibt, wollen sie es verglichen haben. »Was magst du lieber? Cola-Lutscher oder Himbeer-Lollies? Luke Skywalker oder Harry Potter? Mr. Bean oder Asterix?« Und wo es nichts zu vergleichen gibt, wollen sie es trotzdem. »Magst du Frauen lieber oder Männer?«

Mit lockeren Anfragen wie: »Magst du mein Zimmer lieber oder das von Laura?«, stupsen sie mich vollends in das dunkle Tal der Vergleiche. Denn sie wollen eine Antwort und kein Geschwafel über die Einzigartigkeit von Räumlichkeiten. Vielleicht haben ja die meisten Menschen nur noch ein Kind, damit es sie nie fragen kann, ob man es lieber habe als sein Geschwisterchen.

Ich gucke aus dem Fenster. Die vorbeifahrenden Autos rufen mir zu: »Na, wen von uns hättest du denn lieber?« »Und wen von uns beiden findest du schöner?«, grüßen mich die Nachbarinnen von der anderen Straßenseite. »Wen mag er wohl lieber von uns beiden?«, höre ich meinen rechten Fuß zum linken sagen. »Möchtest du lieber mich als deinen Sohn?«, fragt mich der Dreikäsehoch, der vorbeiradelt. »Ich stelle auch nie Fragen!« Und als ich von Ferne die Auslagen des Supermarkts höhnen höre und alle Verkäufer des Viertels rufen: »Was hätten Sie denn lieber?«, da weiß ich, was mich kribbelig macht.

Ich seufze. Woraufhin mir mein Kleiner, ohne von seinem Zeichenblock aufzugucken, zuruft: »Du Papa, ich habe euch doch beide gleich lieb.«

SNELLER!

Zeit

Ich finde es völlig einfach, die Relativitätstheorie zu verstehen. Alles, was ich brauche, ist ein Restaurant und Billy. Wir nehmen Platz und bestellen. Die Bedienung geht, und mein Sohn verschwindet unter dem Tisch, um die runtergefallenen Bierdeckel aufzuklauben. Er taucht mit zwei verstaubten Pommes frites im Mund wieder auf und fragt: »Wann kommt das Essen endlich?« »Aber wir haben doch gerade erst bestellt?«

Er ächzt: »Ich halt es nicht mehr aus«, und beginnt, eine Pyramide aus Bierdeckeln zu bauen. Kaum stehen zwei Deckel, verdreht er Augen und Glieder, und ich mache mir ernstlich Sorgen. »Ich verdurste!«, nölt er. »Wir warten jetzt mindestens schon zehn Stunden!« Und jetzt passiert es! Entweder ich erzähle den typischen Elternquatsch, dass nicht mal zwei Minuten vergangen sind und dass das Essen ja schließlich erst gekocht werden müsse. Oder ich halte die Klappe und danke Albert Einstein, dass er entdeckt hat, dass Zeit relativ ist.

Eigentlich ist es erstaunlich, dass Einstein das herausgefunden hat. Schließlich hatte er keine Kinder und kannte das Haustür-Paradoxon nicht. Das Haustür-Paradoxon besagt, dass ein erwachsener Mensch das Haus gemeinsam mit seinen Kindern nur entweder friedlich oder gleichzeitig verlassen kann. Aber niemals friedlich und gleichzeitig. Angenommen, ich möchte um 15.00 Uhr mit meiner Brut ins pralle Leben treten. Dann kann ich so um 14.50 sagen: »Kinder, wir gehen gleich, macht euch fertig!« Fünf Minuten später liegt mein Kleiner platt im Flur und quäkt, er »verschwitze«, weil er schon zehn Stunden warte. Oder ich klatsche um Punkt 15.00 Uhr in die Hände: »Kommt, wir gehen!« Das Ergebnis ist verblüffend identisch: Ein abgenervtes Kleinkind liegt platt im Flur. Nur, diesmal schimpft es. Ausgerechnet jetzt, wo es gerade so schön spiele, wolle ich los. Nur noch fünf Minuten! Sobald die dann verstrichen sind, bin ich es, der schreit. Dass es mir reiche und ich keinen Bock hätte, noch mal zehn verdammte Stunden zu warten.

Kinder leben ganz im Hier und Jetzt. Was wir Erwachsenen so geil finden, dass wir lauter Dinge wie Mikrowellen, McDonald's und Handys erfinden, damit wir auch immer alles sofort kriegen können. Manche werfen sogar ihre Uhr in den Müllschacht. Und um genau so spontan wie die Kinder zu leben, schlagen sie unbekannten Menschen vor, sofort mit ihnen ins Bett zu gehen. Aber es ist Blödsinn. Kinder leben nicht im Hier und schon gar nicht im Jetzt. Sie leben glücklicherweise in ihrer eigenen Zeit. Und damit ihnen die niemand kaputtmacht, sind sie mit einem Bio-Chip ausgerüstet, der nach dem Prinzip des ungünstigsten Augenblicks funktioniert. Immer, wenn es überhaupt nicht passt, platzen sie ins Leben ihrer termingesteuerten Eltern. Viele Kinder verhalten sich bereits als Samenfaden so. Andere, wie Billy, warten. Bis ich mit acht berstenden Einkaufstüten im Arm und dem dumpf kribbelnden Gefühl durchschmorender Nervenenden bei Karstadt im Erdgeschoss stehe. Und gerade, als ich spüre, dass ich jetzt sofort nach Hause muss, muss er auch mal. »Papi, schnell, ich mach mir in die Hose!« Die einzige Toilette ist im fünften Stock und die erste Verkäuferin, die das weiß, finde ich nach sechs Quersprints durch die Sonderposten-Abteilung im Tiefgeschoss. Oben angekommen, erblicken wir die Herrentoilette, die gerade sehr bedauert, wegen Reinigungsarbeiten kurzfristig geschlossen zu sein. Laut polternd stürzen wir in die Damentoilette.

»Sagen Sie mal, junger Mann, muss das sein?«

Und wie das muss! Aber ich habe keine Zeit, das der empörten Mittvierzigerin zu erklären, wenn ich nicht riskieren will, meinen Sprössling gleich in der Kinderabteilung neu und trocken einkleiden zu müssen.

»Nächstes Mal gehen Sie rechtzeitig, dann müssen Sie hier nicht so ein Theater veranstalten!«, raunzt die Frau noch und knallt die Tür hinter sich zu.

»Die Frau ist doof«, sagt mein Sohn und will mit der Klobürste spielen.

»Lass das!«, sage ich und klaube sämtliche Plastiktüten von den Fliesen auf. In Gedanken erkläre ich der doofen Frau, dass es kein ›rechtzeitig‹ gibt. Schon gar nicht, wenn man es mit Bewohnern der Anti-Zeit zu tun hat. Ich reiße die Tür auf und will gerade »Wie schön, dass Sie nie klein waren!« hinter ihr herbrüllen. Aber vor mir steht die Reinemachfrau und zeigt mit dem Finger auf mich: »Du falsche Tür!«

Nein! Ich falsche Zeit!

Weil Kinder in ihrer Anti-Zeit leben, müssen sie in der unmittelbaren Nähe von Toiletten nie. Zu normalen Essenszeiten haben sie niemals Hunger. Sie trinken nie Fanta, es sei denn im Kino, in dem es nur Cola gibt. Und wenn man überlegt, welche die einzige Zeit ist, zu der man die Kinder nun absolut nicht sehen will, dann wird klar, wieso sie wie von Zauberhand jedes Mal genau dann in der Tür erscheinen, wenn Mama und Papa ihr seit drei Jahren anstehendes Beziehungs-Klärungs-Gespräch führen wollen. Eltern brauchen nur zu denken: »Es ist Zeit für die Kinder, ins Bett ...«, und schon ertönt eine Kinderstimme: »Nein, nicht jetzt schon.«

Eigentlich immer, wenn ich genug Zeit hatte, meine Kleinkinder Stufe für Stufe die Treppe bis zur Wohnung hoch zu loben, schrien meine Kleinen so lange im Treppenhaus, bis mir Nachbarn freundlich Prügel anboten. Und ich sie dann hochtrug. Doch eines Tages war alles anders. Ich war in Eile. Ich bot meinem Lauflernmonster freiwillig einen Aufritt auf meinem Hals-Wirbelsäulen-Syndrom an. Doch es sagte: »Selbaa!« Und begann den mühevollen Aufstieg. Stunden später kamen wir an der Wohnungstür an. Ich hatte Durst, meine Blase drohte zu platzen. Ich wühlte nach dem Schlüsselbund. »Selbaa«, sagte es neben mir. Zwei Wochen saß ich zusammengekauert auf der Fußmatte, bis »Selbaa« endlich beim letzten, dem richtigen Schlüssel angelangt war. Blöderweise wurde ihm gerade da das Aufschließspiel langweilig. Er warf den Schlüssel zwei Treppen runter. Aus den Speichen von Frau Brackers Fahrrad konnte ich ihn dann wieder rausfummeln, nachdem Klein-Messner den Berg wieder mühsamst runtergekraxelt war. Jahre später kamen wir dann endlich wieder an unserer Wohnungstür an. Der Schlüssel passte nicht mehr. Ein neues Schloss war installiert. Eine Frau, an die ich mich dunkel aus meiner Jugend erinnerte, öffnete die Tür und sagte: »Hallo Schatz! Da seid ihr ja!« Irgendwer hatte Bilder in meinen Flur gehängt, und im Garderobenspiegel blickte mich ein älterer Knabe an. »Wenn man erst mal Kinder hat, dann vergeht die Zeit so schnell«, sagte eine Stimme in meinem Kopf. Einstein? Mama?

Anziehen

Dienstag 16.00 Uhr.

»Mama, wo ist meine Jeansjacke«, kräht Nick über den Flur. »Ich will jetzt meine Jeansjacke.« Nick spielt gerade Gewichtheber. Dazu braucht er unbedingt seine Jeansjacke. Wir müssen das nicht verstehen. Außerdem ist es seine »liebste Jacke«. Nach vier Stunden haben wir sie endlich in der Sockenschublade seines Bruders entdeckt. Auch das müssen wir nicht verstehen. Ich lese ihm noch die Geschichte von den Burschen »Ei und Schinken« vor, die auf hoher See in Seenot geraten. Dann schlafe erst ich und dann er in seinem Bettchen ein.

Mittwoch 7.00 Uhr.

Draußen regnet es. Und aus dem Kinderzimmer schallt es: »Das kann doch nicht wahr sein!« Wenn Eltern »Das kann doch nicht wahr sein!« schreien, dann stehen sie vor der härtesten aller Eltern-Entscheidungen. Entweder sie verlieren jetzt den Verstand, oder sie drehen durch und werden gewalttätig. Glücklicherweise entscheiden sich immer mehr Eltern dafür, den Verstand zu verlieren. »Es kann doch nicht wahr sein, das ist das vierte Sweatshirt, das er jetzt wieder auszieht!«, ruft meine großartige Ehefrau. Sie hat ganz offensichtlich den Verstand verloren. Sie rennt den Flur entlang, stößt unverständliche Laute aus und wirft wie besessen Kinderkleidung an die Wand. Hinter ihr erscheint Nick im Türrahmen. Er zerrt am Hals seines Shirts herum und jammert: »Das pikt!«

%
%
%
HELL
50 %

Ich bin ein Fühltyp. Enge Hosen können mich noch als Erwachsenen in den Wahnsinn treiben. Verständnisvoll schiebe ich ihn in sein Zimmer zurück. Während hinter uns das Prasseln der Kinderkleidung langsam abebbt.

Mittwoch 7.20 Uhr

Etliche Sweatshirts später stehe ich bis zu den Knien in den letzten H&M-Kinder-Kollektionen. Und stelle mit Erstaunen fest, welche Qualen von einfachen Baumwollsweatern ausgehen können. Sie piken nicht nur, sie sind auch hässlich, peinlich, eklig, eng, zu groß, zu klein, kratzig, man verschwitzt darin, reißt sich den Hals auf. Nähte drücken, Halslöcher würgen, Ärmellöcher quetschen. Herr H. und Herr M. sind offensichtlich zwei schwedische Familienquäler, denen Eltern auf den Leim gehen, weil sie dort noch drei Paar Kindersöckchen erstehen können, ohne zum Sozialfall zu werden. Ich denke darüber nach, wie schön es wäre, wenn wir noch unser Fell hätten. Und dass wir die Stadt verlassen und für immer in ein südfranzösisches Nudisten-Camp ziehen sollten. Nick erklärt, er ziehe jetzt sein liebstes weißes T-Shirt und die Jeansjacke an und stapft in die Küche. Für einen Augenblick bedaure ich es, wohl doch nicht in Südfrankreich leben zu dürfen.

Mittwoch 7.35 Uhr

Mit Milch und Schoko-Flocken ist es Nick gelungen, eine bräunliche Batik auf seinem T-Shirt zu erstellen. Es sieht aus wie eine Horde Höhlenmenschen, die nackt um einen zotteligen Bison tanzen. »So kannst du nicht in die Schule gehen!«, sage ich und rücke dem Bison mit einem Lappen zu Leibe.

»Kann ich doch!«, brüllt Nick, und ich klatsche mir den Wischlappen auf die Stirn, um nicht zu explodieren. Wenn wir jetzt noch alle T-Shirts, die in seinem Kleiderschrank sind, mit ihm durchprobieren, kommt er zwei Stunden zu spät zur Schule. Und ich fresse dann wahrscheinlich den Lappen.

Mittwoch 7.40 Uhr

Er hat noch schnell den halben Bison mit Apfelsaft ausgelöscht, als er aufsteht: »Ich gehe jetzt zur Schule!«

»Nick, so kannst du aber nicht in die Schule gehen. Es regnet. Du musst was gegen Regen anziehen. Am besten du ziehst deine anderen Schuhe und die Regenjacke an«, sagt die großartige Ehefrau. Und das war es dann schon. »Ich will aber keine doofe Regenjacke anziehen. Regenjacken sind bescheuert. Wie sehen die aus!? Ich habe nur doofe Regenjacken.«

Der Wischlappen ist schon wieder in meinem Gesicht, und ich höre mich allen Ernstes erklären, er solle tun, was seine Mama sagt, und schließlich trüge ich auch Regenjacken. Nick findet den Lappen in meinem Gesicht eklig, und außerdem sei meine Jacke ja auch gefüttert. Was sie verdammt noch mal nicht ist. Wütend wühle ich meine Regenjacke aus dem Schrank. Worauf er erklärt, meine sei grau und seine sei doof schwarz. Jetzt hätte ich Lust, den Lappen zu fressen, aber ich muss ihn irgendwo auf meine Oberhemden gelegt haben. Mittlerweile ist es 7.45 Uhr, und meine großartige Ehefrau weist mich darauf hin, dass ich gerade achtmal hintereinander »scheißegal« geschrien habe. Nick erklärt jetzt, ich würde meine Regenjacke ja immer tragen und er seine nie. Weshalb er sie heute auch nicht anziehen würde. Dies ist der Augenblick, in dem ich überlege, ob der menschliche Geist nicht vielleicht doch eine evolutionäre Fehlentwicklung ist. Außerdem hasse ich nichts so sehr, wie auf nüchternen Magen mit einem Siebenjährigen kulturelle Errungenschaften wie Wasser abweisende Kleidungsstücke zu diskutieren. Nick bringt noch weitere vier Millionen Argumente. Seine Oma trage auch keine Regenjacke. Und er könne in der

Jeansjacke schneller laufen. Deshalb werde er gar nicht so nass wie in der Regenjacke. Und in der Regenjacke laufe ihm alles immer so eklig in den Kragen. Schließlich behauptet er sogar, die Jeansjacke sei wasserdichter als die Regenjacke. Und außerdem hätte Karl die gleiche doofe Regenjacke. Und sie würden sie bestimmt verwechseln. Dann wäre die teure Jacke verloren und das, wo wir doch ohnehin schon so viel arbeiten müssten. »Nich, Papa?!«

Wir betrachten dann noch Pfützen, um zu beweisen, wie viel Regen fällt. Die großartigste aller Mütter sagt, dass man vom Regen krank würde, worauf der dööfste aller Väter klarstellt, dass Kälte und Erkältungen, wissenschaftlich erwiesen, rein gar nichts miteinander zu tun haben. Die großartigste aller Ehefrauen will sich daraufhin vom dööfsten aller Ehemänner blitzscheiden lassen. »Und«, sagt der dööfste aller Ehemänner schließlich zu seiner Frau: »Was ist das eigentlich? Wieso ist dieser kleine Kerl so bekloppt? Wieso kann er seine verdammte Regenjacke nicht anziehen?« Ich gehe.

Im Bad empfängt mich meine große Tochter, die glattweg behauptet, dass eben alle Kinder Regenjacken hassen. Weil sie erstens beengend seien und zweitens beim Laufen dieses komische Dsch-dsch-Geräusch machen würden. Ich gucke in den Spiegel. Der Typ, der mich anguckt, macht es nicht mehr lange. Können Achtzehnjährige wirklich der Meinung sein, Regenjacken seien erstens immer zu eng und würden zweitens beim Laufen immer dsch-dsch machen?

Dann kommt mein größerer Sohn, und ich hauche flehend »Regenjacke ...?!« Glücklicherweise kann man mit Dreizehnjährigen überhaupt nicht mehr diskutieren. Er tut so, als habe er mich gar nicht bemerkt. Und vermutlich hat er es auch nicht. Er braucht auch keine Regenjacke. Schließlich benutzt er ja auch keinen Fahrradhelm mehr, seitdem er seine Haare gelt. Und da die Gefahr, dass er bei einem Fahrradunfall stirbt, mittlerweile weitaus geringer ist, als die, dass ich einem Herzinfarkt erliege, gebe ich auf, bevor ich überhaupt angefangen habe.

Mittwoch 7.50 Uhr

Meine Frau taucht auf und fragt, ob sie vielleicht doch lieber die braunen Stiefel zu dieser Hose oder – sie hat einen Rock über dem Arm – lieber die schwarzen Stiefel zu diesem Rock tragen solle. Ich empfehle die schwarzen Stiefel zum Rock, weil dann die Gefahr, dass sie beim Gehen dsch-dsch machen könne, am geringsten sei. Und ergänze, dass ich mir auch eine Regenjacke gut dazu vorstellen könne. Männlicher und weiblicher Humor decken sich selten. Gerade am frühen Morgen nicht. Ein geschossartig heransegelnder Rock vertreibt mich ins Umkleidezimmer, wo ich feststelle, dass der Wischlappen einen hässlichen Fleck auf meinem hellen Hemd gemacht hat und ich mir zu überlegen habe, ob ich nun vielleicht zu den grauen Jeans doch das blaue Hemd ... als ich ohnmächtig in einen Kleiderberg sinke. Von ferne höre ich die Stimmen der Hoffnung flüstern: »Uniform, Uniform, Uniform für alle, Uniform für alles. Uniform mit Fahrradhelm, Uniform für Regenjacken, Uniform für Psychotherapeuten, Uniform, Uniform ...«

Während über mir Kleiderberge aus Regalen stürzen, steigt ein Bild aus dem Nebel meiner Erinnerungen auf. Ich sitze auf einer Parkbank. Neben mir ein Rentner. Wir kommen ins Gespräch. Er kommt aus der DDR und durfte damals in die Bundesrepublik reisen. Er ist erschöpft. Das Einkaufen habe ihn fertig gemacht. Er habe versucht, sich ein paar Schuhe zu kaufen und feststellen müssen, dass es hier unendlich viele verschiedene Schuhe gebe. Bei ihm zu Hause gebe es eben zwei Paar Schuhe. Entweder man würde welche bekommen, oder nicht. Aber hier gebe es Schuhe, Schuhe, Schuhe, Schuhe, und er hätte Stunden gebraucht, um sie auszuwählen. Wie würden wir das eigentlich machen? Ja, wie machen wir das eigentlich?

Donnerstag 20.35 Uhr

Bin soeben in Südfrankreich angekommen. Es regnet. Ob im Nudisten-Camp Regenjacken erlaubt sind?

Das alles wird eines Tages dir gehören.
Hör auf, sonst schläft er wieder schlecht.
T. GAY

Erwachsene

»Werd endlich erwachsen!«, sagt meine Frau, während ich mir gerade kichernd eine Cornflakes-Schlacht mit meinem Sohn liefere. Na gut. Widerstrebend lasse ich die restlichen Cornflakes von meinem Teelöffel-Katapult rieseln. Aber will ich wirklich erwachsen sein? Und verdammt, wie geht das? Es ist umwerfend, wie eine Hand voll Maisflakes schon beim Frühstück existenzielle philosophische Fragen aufwerfen kann.

Erwachsenwerden stellen wir uns so vor, dass wir auf jede Frage eine Antwort hätten. Und uns die Fragen, auf die wir keine Antwort hätten, nicht mehr interessierten. Und dass uns selbst der blöde Gemüsehändler nicht mehr duzt, weil wir uns würdevoll und selbstsicher fühlten. So wie wir uns manchmal nach einem großartigen Film im Kino fühlen. Als ob wir alles kapiert hätten. Vermutlich gehen wir nur deshalb ins Kino. Um nach der Vorstellung ins Freie zu treten und uns für ein paar Minuten erhaben und erwachsen zu fühlen.

Das absolut Verblüffende am Erwachsenwerden ist, dass es offenbar immer nur anderen Menschen gelingt. Oder würden Sie von sich behaupten, dass Sie erwachsen sind? Ganz ehrlich! Fühlen Sie sich wirklich erwachsen? Die Antwort ist: nein. Niemand, der seine Murmeln einigermaßen beieinander hat, wird ernsthaft von sich behaupten, erwachsen zu sein. Außer vielleicht Typen wie Dieter Bohlen oder Boris Becker. Sie machen irgendwie immer den Eindruck, als wollten sie ihre Mama überzeugen, dass sie ganz krass erwachsen sind. Weshalb ja überdeutlich »Kindskopp« auf ihrer Stirn gestempelt steht. Erwachsene sind ganz eindeutig daran zu erkennen, dass sie sich selbst nicht erwachsen fühlen.

Paradoxerweise finden wir also nur Menschen erwachsen, die von sich wissen, dass sie eben nicht erwachsen sind. Was zu der noch erstaunlicheren Entdeckung führt, dass wir nicht nur uns selbst nicht erwachsen finden, sondern auch sonst keinen einzigen Erwachsenen kennen.

Sicher glauben wir manchmal, einen Erwachsenen zu treffen. Unseren Chef. Unseren Psychotherapeuten. Den Präsidenten der Vereinigten Staaten. Bis unser Chef ausrastet, weil ihm irgendwer in einer E-Mail geschrieben hat, dass seine Frau fremdgehe. Bis sich die Übertragung auf unsere Psychotherapeutin auflöst und wir enttäuscht entdecken, dass Frau Dr. Boddenmeier doch nicht unsere gute Mutter ist. Und bis der amerikanische Präsident sich an einer Brezel verletzt oder seine Zigarren in nicht dafür vorgesehene Körperöffnungen seiner Untertanen schiebt. Mal ganz davon abgesehen, dass wir uns nicht vorstellen, dass Erwachsene so beschissen einfältig lügen.

Jeder Erwachsene, den wir näher kennen lernen, verwandelt sich automatisch in einen Kindskopp. Das ist ein Naturgesetz. Kein Ehepartner kann in seinem »Schnucki« noch einen Erwachsenen sehen. Denn die letzte Illusion, sein Leben mit einem Erwachsenen zu teilen, verdunstet spätestens, wenn er beim Monopoly schummelt, weil er unbedingt gewinnen muss. Oder sie ganz fürchterlich dringend mitten in der Einkaufspassage ein Franzbrötchen braucht, weil sie sonst augenblicklich der Hungertod ereilt. Wirkt er etwa erwachsen, wenn er ganz verliebt in seinen neuen Laptop ist und ihn stundenlang mit seligem Blick auf- und zuklappt? Oder sie, wenn sie stundenlang in ihren neuen Stiefeln Catwalk vor dem Spiegel übt? Nein. Wir machen ja auch kein Geheimnis daraus. Wir nennen uns öffentlich »Schatzi«, »Mausi«, »Baby«(!) oder »Hasi«. Und »Schnucki« protestiert nicht.

Nein, es gibt nur eine Erklärung. Ein Erwachsener ist so etwas wie der Weihnachtsmann. Er wurde für kleine Kinder erfunden. »Erwachsene« gibt es nicht. Es ist ein mieser Trick. Irgendeine findige Mutter hat irgendwann von ihrem nicht minder findigen Kind die Nase voll gehabt. Das Kind wollte ohne Schuhe auf die Straße laufen. Oder mit dem scharfen Küchenmesser den Esstisch umgestalten. Da die Erfindung des Erwachsenen wohl schon hunderttausende von Jahren her ist, vermuten wir, dass das Kind aus der Höhle rennen wollte, um einen Säbelzahntiger anzuspucken. Aber die Mama wollte das nicht. Sie hatte aber auch keine Lust, zu diskutieren, warum das Kind es nicht darf. Und schon gar nicht, warum sie, die Mama, es entscheiden darf und das Kind es nicht entscheiden darf. Vermutlich hat das Kind geschrien: »Das ist ungerecht, und du bist doof!« Und da hatte die Mutter eine glänzende Idee. Sie blickte das Kind ganz ernsthaft an, verkniff sich jedes Lachen und sagte, es gäbe einen Unterschied. Sie sei schon erwachsen. Und das Kind sei eben noch nicht erwachsen. Das Wort »erwachsen« hatte sie natürlich erfunden.

Da wusste das Kind nicht weiter. Es war sehr verblüfft. Es hat sich wahrscheinlich auf den Boden geworfen und geschrien, dass es auch erwachsen sein wolle. Die Ur-Menschin wollte ihre Ruhe. Und weil sie sehr, sehr clever war, sagte sie: »Ja, aber erst später, dann, wenn du auch erwachsen geworden bist!« Wir vermuten, das Kind hat noch geschmollt, aber es hat darauf verzichtet, rauszugehen und den Säbelzahntiger anzuspucken.

Das war der Beginn einer großartigen Erfolgsstory. Denn die Kinder, die darauf verzichtet haben, Säbelzahntiger anzuspucken, hatten natürlich größere Überlebenschancen. Und als sie später selbst Eltern waren, haben sie ihren Gören die gleiche Geschichte vom Erwachsenwerden erzählt.

Im Lauf der langen Menschheitsgeschichte ist dann natürlich verloren gegangen, dass alles nur ein Trick war. Die Menschen haben es vergessen und angefangen zu glauben, dass es »erwachsen sein« wirklich gibt. Deshalb warten wir noch heute drauf, endlich eines Tages aufzuwachen und erwachsen geworden zu sein. Wir sollten endlich aufhören solche Märchen zu glauben und stattdessen lieber endlich erwachsen werden ...

Schlafen

Großartig! Ich war ein guter Vater. Gute Väter gehen mit ihren Kindern in den Zoo und bestaunen, wie doll ein Pumakäfig wirklich stinkt. Nur dazu kam es gar nicht. Ich war eine Stunde U-Bahn und Bus gefahren. Ich hatte auf mein Tennismatch verzichtet, dreißig Euro bezahlt und mir sogar noch den dicken Zooführer geleistet. Dann stand ich Aug in Aug mit einem glotzenden Gnu. Und mein Sohn schnarchte in seiner Karre. Selbst laute »Eis, Eeiiiss!!!«-Rufe konnten nicht verhindern, dass ich mir die doofen Flamingos alleine angucken musste. Und schließlich ächzend ein komatöses Kleinkind in seiner Karre die endlosen U-Bahn-Treppen runterschleppte. An der Wohnungstür schlug mein kleiner Liebling seine Äuglein auf und schnauzte: »Papa, wieso waren wir nicht in Zoo? Iss will zu die Elefanten! Das hass du versprochen!«

Abends plumpse ich dann erschöpft zu meiner wunderbaren Lebensgefährtin aufs Sofa, als besagter Jüngster auch schon wieder angetapert kommt. »Iss kann nicht schlafen!«, sagt er, wirft ein Weinglas um und sackt dabei sekundenschnell auf Mamas Schoß in den Tiefschlaf. »Siehst du!«, doziere ich. »Auf die Frage, was eine Familie ist, gibt es wohl nur eine sinnvolle Antwort: Familie ist, wo man schläft! Die Geschichte der Familie ist die Geschichte des Schlafes. Alle anderen Grundbedürfnisse erfüllen wir uns außerhalb der Familie angenehmer. Draußen atmen wir freier und arbeiten lieber. Wir fühlen uns mehr ver-

Was soll ich dir heute vorlesen?
Scheißegal – die lügen eh alle!

standen. Sex ist aufregender. Und selbst das Essen ist bei ›Mamma Leone‹ leckerer.« »Ja ja,«, gähnt meine Liebste, »aber jetzt bin ich müde.« Und lässt mich in der Gesellschaft des Rotweinflecks und eines zart röchelnden Kleinkindes zurück.

Ich bin jetzt dafür, Schlafen als Schulfach einzuführen. Offensichtlich war das auch einmal vorgesehen. Allein das Wort »Schule« löst, langsam gesprochen, in allen Menschen augenblicklich das Gefühl bleiern-wohliger Schwere und tiefstes Gähnen aus. Und welchen Sinn macht es sonst, kleine Kinder mitten in der Nacht aus dem Bett zu reißen, sie mit dreißig anderen in einen mit grässlich blendendem Kunstlicht beleuchteten Raum zu stecken und ihnen dann zu verbieten, sich in den nächsten fünf Stunden zu bewegen. Nach spätestens fünf Minuten wollen sie nur noch eins: schlafen.

Aber das genau dürfen sie nicht. Zwar dürfen sie mittlerweile ihre Tamagotchis während des Unterrichts pampern, ihre Baseballcaps tauschen, übers Handy Telefonsex haben und die Qualifkation ihres Lehrers durch den Zwischenruf: »Was soll denn die ganze Scheiße hier?« in Frage stellen. Aber sie dürfen niemals schlafen. Dabei wäre es ein großer Segen für die Menschheit, wenn man Schlafen in der Schule lernen würde.

Denn Menschen brauchen mindestens acht Jahre, um die einfachsten Grundelemente des kultivierten mitteleuropäischen Schlafes zu erlernen. In einem Bett zu liegen und dabei unter einer Decke zu ruhen.

Beginnen wir mit den Babys. Sie scheinen unbewusst noch immer durch das Fruchtwasser zu kraulen. Wie menschliche Torpedos durchpflügen sie das Bett, bis sie wieder auf einen Elternkörper treffen. Der Elternkörper explodiert. Und das Babytorpedo zieht sich zu einem erneuten Angriff zurück. So geht das die ganze Nacht. Und wenn Baby dann um 6 Uhr aufstehen will, haben die Eltern das Gefühl, sie könnten gerade jetzt für einen einzigen kostbaren Augenblick in den herrlichsten Schlaf gleiten. Woraufhin ihnen das Baby so lange die Flasche rhythmisch gegen das Jochbein donnert, bis sie davon absehen.

Im Kleinkindalter werden dann die nächtlichen Angriffe seltener. Dafür liegen Kleinkinder stets quer im elterlichen Bett, sodass sich Mama und Papa morgens auf dem Bettvorleger wiederfinden. Und einander unter dem Bett hinweg einen schönen Morgen wünschen können.

Es braucht weitere Jahre, bis der junge Mensch gelernt hat, liegend zu schlafen. Und nicht mit aufgestelltem Po, vor dem Bett kniend oder mit an der Wand aufgestellten Beinen. Aber auch dann beherrscht er die Kunst noch nicht, unter einer Decke zu schlafen. Er fesselt sich damit, zieht sie sich über Brust und Kopf und steckt die Beine heraus. Er hockt ringkampfähnlich darauf oder wirft sie aus dem Bett. Vermutlich durch diese enormen nächtlichen Anstrengungen erschöpft, ist der junge Mensch bereit, tagsüber in jeder Situation einzuschlafen. Genau wie seine Eltern, die »Er hat wieder nicht geschlafen!« flüsternd auf dem Wohnzimmerteppich zusammenbrechen und ernsthaft erwägen, sich ihre Augenringe weglasern zu lassen.

Auf die Kleinkindphase folgt fast nahtlos die Pubertät, in der dann niemand mehr schläft. Eltern verbringen sie mit angstgeweiteten Augen im Bett, weil sie um vier morgens auf ihre angetrunkenen Stammhalter warten, die ihre Tiefschlafphasen längst vollständig in den Chemie-Unterricht verlagert haben. Erst wenn Eltern eines Morgens wie Fallobst von der Bettkante stürzen und sich bleischwer fragen: »Mit wem hat sie bloß heute Nacht geschlafen?«, hat ihr Martyrium ein Ende. Die nächtlichen Brunftschreie ihres Teenagers sind der Vorbote eines erneuten Sieges der Gene. Der Sprössling ist auf dem besten Weg, sich um seinen Schlaf zu bringen. Denn wer die zweitwichtigste Frage der Weltgeschichte: »Wer schläft mit wem?«, erfolgreich beantwortet, handelt sich ja eine Familie ein. Um sich dann selbst mit der wichtigsten Frage der menschlichen Existenz abzuquälen: »Warum kann man hier eigentlich nie in Ruhe schlafen?«

Wenn man also endlich schlafen darf, wann und mit wem man will, ist man erwachsen. Und verlässt die Familie. Wenn man dann bald wieder nicht mehr schläft, wann und mit wem man will, ist man immer noch erwachsen. Aber schon wieder in einer Familie. In der eigenen. Und wenn man dann endlich, endlich schlafen kann, wann man will und sogar miteinander schlafen könnte, wann man will, dann ist man in Rente. Man muss vor dem Sex die dritten Zähne einfädeln, leidet unter seniler Bettflucht und fragt seinen Schatz hellwach um drei Uhr morgens: »Weißt du noch, wie schön es war, als wir jung waren und tief schlafen konnten?« Entweder hatte Shakespeare keine Kinder oder keine Ahnung. Es müsste heißen: to sleep or not to sleep.

Den will
ich haben!
Hast ja
bald
Geburtstag
P. GAY

Kindergeburtstag

»Ach«, sagt die himmlische Tochter und beißt in ihr Brötchen, »ich freue mich schon so auf meinen Geburtstag!«

Ich gucke verwirrt aus dem Fenster. Die Blätter sind bunt. Es ist Herbst. »Du hast erst im Mai Geburtstag«, höre ich mich leise sagen.

»Aber ich freu mich schon so!«, sagt die himmlische Tochter. »Und iss auch. Iss freu mich auch schon so auf meinen Geburtstag!«, mampft der grandiose Sohn. »Und ich erst. Können wir ihn nicht bitte ausfallen lassen?« Aber das sage ich nicht. Ich stopfe mir ein ganzes hart gekochtes Ei rein. »Papa, du spinnst doch!«, kichern die Kinder. Muss ich wohl.

Wie ist es sonst zu erklären, dass ich mich alljährlich bei vollem Bewusstsein darauf einlasse, fünfzehn Kleinkinder bis zum Anschlag mit Smarties abzufüllen? Dann mit ihnen gemeinsam meine Wohnung verwüste, sie mit Harry-Potter-Figuren, einem sechsundzwanzigfarbigen Radiergummi in Hamsterform und einigen Kilo Maoam dafür belohne. Und schließlich noch ertrage, wie sie sich so lange mit Würstchen bewerfen, bis endlich die anderen Eltern kommen. Die dann die Dreistigkeit besitzen, ihre Brut schon in der Haustür zu fragen: »Na, war es denn schön?«

Natürlich war es schön! Schließlich ist der Geburtstag der wichtigste Tag im Kinderleben. Weihnachten ist auch ganz prima. Wegen der Geschenke. Und Ostern auch. Weil es immer mehr wie

Weihnachten wird. Aber nur zum Geburtstag bekommt man ganz alleine alle Geschenke, und man kann ganz alleine bestimmen, wie gefeiert wird. Und wenn einer überhaupt noch dafür sorgt, dass gefeiert wird, dann doch die Kinder. Weil es Pfingsten keine Geschenke gibt, wird es gerade abgeschafft. Zum ersten Mai geht auch keiner mehr hin, weil es keine Geschenke gibt. Und so wird das immer weitergehen. Zuletzt wird Weihnachten verschwinden. Die Leute werden es einfach vergessen. Weil es so langweilig ist. Weil sie in der Zeit lieber in der Sonne schmoren. Und weil sie mittlerweile jeden Tag ihren Geburtstag feiern. Wie der Mad Hutter in Alices Wunderland. Ich fand das als Kind noch eine verrückte Idee. Aber meine Kinder werden das durchsetzen.

Sie sind schon längst dabei. Kein Tag vergeht, an dem nicht mindestens einer aus der Familie an Geburtstag denkt. Läuft in der Glotze eine neue Eiscremewerbung, kreischen sie: »Oh, die soll es an meinem Geburtstag geben.« Verkündet meine Überfrau ihr Tageshoroskop, fragt garantiert jemand: »Wie lange noch bis zu meinem Geburtstag?« Auf jedem Spielzeug scheint ein für Erwachsene unsichtbarer Sticker zu kleben, der lautet: »Das wünsch ich mir zum Geburtstag.« Selbst im Urlaub trete ich an einem Stand mit kleinen Schrumpfköpfen heran und sage: »Schatz, guck mal! Das wären doch mal originelle Gewinne fürs Topfschlagen.«

Spätestens alle zwei Wochen kehrt eines meiner normal sozialvernetzten Kinder von einer Geburtstags-Gala-Show heim. Zauberkünstler, Indoor-Spielplätze, Bowlingbahnen und 3-D-Videos bringen höchstens noch ein »ganz gut« in der Nölwertung. Der chinesische Nationalzirkus im Hinterhof wäre gut. Aber ist leider nicht leicht zu bekommen. Wahrscheinlich weil so viele kleine Chinesen ständig Geburtstag feiern.

Am Jahrestag unseres Wurfs hatte ich die beste Kinder-Geburtstags-Rallye aller Zeiten zusammen. Ich wusste genau, auf welcher Parkbank »Jens ist eine Dumpfbacke« steht und wie viele Balkone mit Geranien es im Viertel gibt. Hunderteinundvierzig! Natürlich regnete es dann, und die Kinder stöhnten: »Schon wieder 'ne Rallye!« Die Überfrau hatte sich auch mächtig bemüht und beschlossen, keine Antipasti, sondern Sushi zu reichen. Die Hälfte der Kinder erklärte daraufhin, Vegetarier zu sein, und den anderen war ohnehin schlecht. Es war richtig klasse. Deshalb werde ich den nächsten Kindergeburtstag ganz anders feiern.

Plötzlich war es mir sonnenklar. Kids wollen gar keine Super-Show, Kids verstehen einfach mehr von Ritualen. Sie wissen, es geht um die stete Freude des immer Gleichen. Sie werden die Welt einführen, in der zweimal täglich Topfschlagen so selbstverständlich ist, wie täglich zweimal Zähneputzen, und jedes Frühstücksei erst einmal zum Eierlaufen verdammt ist. Es geht um den Nachmittag mit Mama, Papa und Würstchen. Zum hundertundersten Mal um »Bello, dein Knochen ist weg«, das stets in Massenwutgeheul endende Sackhüpfen und die nie abebbende Gewinnflut aus garantiert funktionslosen Kinderarmbanduhren, Plaste-Nilpferden und Weingläser killenden Flummibällen. Kurz, um Spielen und alles, was Kindern Spaß macht. Nur wir blöden Eltern in unserer verkrampften Mono-Geburtstagskultur klammern noch daran, dass jeder Geburtstag etwas ganz Besonderes sein soll. Jeder Tag ist eine Party! Schon gehört?

Nächstes Mal mache ich es deshalb wie meine türkischen Nachbarn. Sie hatten mich eingeladen. Ein prima Fest. Viele Menschen. Bauchtanz und jede Menge Raki. Deshalb fiel mir auch erst um zwei Uhr nachts ein, zu fragen, was denn eigentlich gefeiert wurde. Fatimas Geburtstag. Fand ich ja nett, denn ich kannte sie gar nicht. Sie war schon ziemlich müde, und als ich ihr gratulieren wollte, fielen ihr die Augen zu. Fatima wurde nämlich gerade erst drei. So werde ich es machen! Zum nächsten Kindergeburtstag werde ich alle meine Freunde einladen. Und wir werden prächtig feiern. Und morgens früh sehe ich mich schon am Frühstückstisch sitzen und zu meiner himmlischen Tochter sagen: »Ich freue mich schon so. Auf deinen nächsten Geburtstag!«

Loben

»Guck mal, Papa!« Mein grandioser Sohn knüllt mir strahlend einen Zettel auf den Schoß. Eine ausgerissene Seite aus einem Versandhauskatalog. Damen in Bademänteln lächeln mich an, die offenbar in eine Maschinengewehrgarbe geraten sind. Ein Loch neben dem anderen. Ich gucke verwirrt. Aber mein Sohn ist ja nett zu seinen Eltern und hilft mir auf die Sprünge. »Ein Muster, Papa!« Ein Muster?!

»Ah, ja prima. Das ist ja toll! Das hast du ganz super gemacht!« Bevor ich mich noch zum »Woher hast du nur immer diese tollen Ideen!« steigern kann, werde ich mit den hingerichteten Damen alleine gelassen. Und frage mich, ob ich noch ganz bei Trost bin. Wieso preise ich die Verwüstung einer Versandhauskatalogseite, als habe mein Filius soeben den Weg in eine neue Kunstepoche geebnet? Was bleibt mir eigentlich noch zu sagen, falls er es wirklich tut? Mit schrillen Begeisterungsschreien Cognac-Schwenker zerbröseln? Oder muss ich dann vor ihn treten, ihm fest in die Augen schauen und sagen: »Gut gemacht, mein Sohn. Und, äh, vergiss all das Lobgeseiere von damals, du weißt schon, alle Ahs und Ohs und Tolls und so. Diesmal, also diesmal meine ich es wirklich ernst.«

»Guckst du mal, Papa?« Meine himmlische Tochter beendet meine pädagogische Grübelei. In ihrer Hand baumelt eine Glasperlenkette. »Für Mama! Zum Geburtstag!« Ich denke kurz nach.

Du musst ihm Grenzen setzen!
Er darf das nur in seinem Zimmer.
P. GAY

Meine Chance. Wohlüberlegt sage ich: »Schön!« Aber das klingt mir doch zu dünn. »Gefällt mir richtig gut! Echt super!«, setze ich hinzu. Das finde ich nun wieder zu lobhudelig. Also kleiner Einwand: »Vielleicht machst du sie noch etwas länger?« »Du hast aber auch immer was zu meckern!«, meckert meine himmlische Tochter. »Dir gefällt ja nie was!« Und knallt die Tür. Sollte ich etwa rübergehen und zu meiner Verteidigung einwerfen, dass ich vor nur drei Minuten ihren Bruder für sein Gemetzel an den Damen in Bademänteln in den höchsten Tönen gelobt habe?

Gnadenlos drauflos zu loben, scheint zumindest die sicherste Erziehungsmethode zu sein. Man kann nichts falsch machen. Und es liegt im Trend. Wer im Fernsehratespiel weiß, dass Berlin in Deutschland liegt, wird wild bejubelt. Jede Flugzeuglandung wird beklatscht, und bald wird wohl jedesmal der Busfahrer frenetisch gefeiert, wenn er richtig abbiegt.

Der lobenswerten Ermahnung »Haben Sie Ihr Kind heute schon gelobt?« folgend, durchwogt längst rhythmisches Lobesraunen Schulausgänge und Kinderläden, wenn wir Eltern unsere Schützlinge einsammeln. »Spitze, Laura! Superspitze, Billy! Superextraspitze, Carla! Wahnsinnssuperspitzenmäßig, Pauli!« Klein-Superman und Klein-Superwoman lächeln. Und greifen dann zur Weltherrschaft! Und wir lächeln. Denn solch fantastische Kids müssen ja die Mega-Eltern haben. Uns! Loben wir uns selbst, weil es ja sonst keiner tut!

Um nicht weiter den Umweg über platt gelobte Kinder zu tun, empfiehlt sich die Gründung von Elternlob-stinkt-nicht-Gruppen. Wir treffen uns einmal die Woche, sitzen im Kreis, schauen uns in die Augen und loben uns: »Ich finde das ganz irre, Oskar, wie du jeden Morgen wieder die Haarbürste für deine Tochter findest. Und es ist super, super, super, dass du schon dreihundertfünfundzwanzigmal deine schlafenden Kinder in den ersten Stock geschleppt hast.« Einmal im Monat laden wir die Kinder ein. Sie müssen dann loben, was für irre gute Eltern wir sind. Den Text schreiben wir selbst. Und die Kids müssen ihn wortgetreu vortragen.

»Papa!« Ein weiteres Stück Versandhauskatalog liegt zerknüllt vor mir. »Super!«, murmele ich, »oberaffensupergeil!« »Hör mal auf, Papa! Das sagst du doch immer. Guck lieber mal. Hier mein Bild, das finde ich voll bescheuert!«

Aufklärung

Neulich war ein sonniger Frühlingstag, und ich ging mit Billy spazieren. Mit elf Jahren ist er bereits irgendwo zwischen Kind, Jugendlichem und Mann verloren, so wie es alle Männer für den Rest ihres Lebens bleiben. Wir schritten also ganz solidarisch daher und fachsimpelten über die Kugellager von Rollerskates. Die Luft war lau, die Frauen zeigten ihre noch blassen Schenkel, Bienen summten um die Blüten, Vöglein zwitscherten, und meinen Blick fest auf einen einladend vor mir herschaukelnden Po geheftet, wusste ich, dass es an der Zeit war. Ich beschloss, meinen Sprössling auf der Stelle aufzuklären.

Also räusperte ich mich, tat möglichst arglos, nebensächlich und cool und versuchte die Quadratur des Kreises. Ich versuchte irgendwie gefühlvoll faktisch zu klingen. Ein anderer Teil meines Gehirns suchte bereits krampfhaft nach den richtigen Worten für die besten Teile von Mann und Frau. »Muschi und Pimmel?«, dachte ich. »Klingt wie Uschi und Peter!«, sagte meine innere Stimme der Vernunft. »Uschi und Peter?« »Werd nicht albern!«, sagte meine Vernunftstimme. »Vagina und Penis?«, schlug ich vor. »Latein kann er nicht!«, sagte meine Vernunft. Ich schlug noch Scheide und Glied vor, verzichtete dann auf Yoni und Phallus, auf Schniedelwutz, Piephahn und Himmelspforte. Ich fragte Billy, wie er seinen Schwanz nennt und das, was Mädchen stattdessen haben. »Muschi und Pimmel«, sagte Billy und: »Was soll'n das jetzt?«

Hast du eigentlich keine Angst vor der Zukunft?
Doch. Vor deiner!
T. GAY

Und so verlief das Gespräch, das sich an diese psychologisch überaus geschickte Einleitung anschloss. Wobei ich auf die Wiedergabe meiner umfassenden und ausgezeichneten sexualpädagogischen Einlassungen verzichte. Ich setze sie mal als bekannt voraus. Nun, Billy kannte sie nicht. Und das ist, wie sie bei ihm ankamen.

»Oh, Papa muss das sein?«

…

»Ehrlich, Papa lass den Quatsch. Ich hab das doch schon dauernd in der Schule. Echt nicht.«

…

»Echt nicht. Ich will nicht.«

…

»Paapaaa, du nervst.«

…

»Papa, voll peinlich.«

…

»Ja, das weiß ich schon.«

…

»Papa, voll eklig.«

…

»PAPA!«

…

»PAPAA!«

…

»PAAAPAAAAAAAA!«

…

»Echt?«

…

»Was soll daran so toll sein?«

…

»Ja, schon gut Papa.«

...

»Das weiß man ja schon mit fünf.«

...

»Pornos gucken find ich doof. Jonas Papa hat die ganze Schreibtischschublade voll davon. Aber er glaubt, keiner weiß es. Jonas sagt auch nichts. Ich glaube, sogar Birgit weiß es.«

...

»Dicke Titten und so. Findet der das echt gut?«

...

»Schon gut Papa!!!«

...

»PAPA! Das will ich gar nicht wissen.«

...

»Hast du echt? Na ja.«

...

»Können wir ein Eis kaufen?«

...

»Ist gut! Ich weiß es jetzt!«

...

»Können wir jetzt endlich aufhören? Ich will wirklich ein Eis.«

...

»Papa, ich gehe jetzt, hör auf! Ich weiß das jetzt alles.«

...

»Ach, Papa, wie bist du eigentlich aufgeklärt worden?«

»Ach, ich? Na, Oma hat mir einfach so eine Aufklärungsfibel in die Hand gedrückt. In Schreibschrift. Aber es war eh zu spät, ich wusste das schon alles. Von Erlenbaum, der ließ auf dem Schulweg immer Kondome platzen. Erlenbaum fanden wir voll versaut. Für uns damals, da gab es ja nicht mal nackte Titten auf Zeitschriften.«

»Schon gut, Papa. Ist ja auch egal!«, sagte Billy.

Er sagte nicht: »Papa, so eine Fibel hätte ich besser gefunden.« Nein, das sagte er nicht. Aber er liebt mich ja auch. Mittlerweile hatten wir unser Eis verputzt und betraten den Wohnungsflur. Die Mutter des bestaufgeklärten Jugendlichen der westlichen Hemisphäre war guter Dinge: »Na, was habt ihr denn getrieben?« »Oh, nichts, wir waren Eis essen.« Wenigstens rot geworden ist keiner von uns.

Los jetzt! Ab in's Bett!
Wie heißt das Zauber-wort?

FERNSEHEN

»Was'n das?« Meine Kinder sehen gerade eine winzige Samenzelle gegen eine riesige Eizelle prallen.

»Eine Samenzelle«, sage ich.

»Was'n das, eine Samenzelle?«, fragt die liebenswerte Tochter.

»So kleine Zellen, aus denen Babys werden«, murmele ich.

»Sehen diese Dinger in echt so aus?«

Aber bevor ich zwei Kleinkinder aufklären muss: ZAPP! Den kleinen Bruder langweilt Fortpflanzung. Denn Samenzellen haben weder einen Pelz noch vier Pfötchen. Er hat eine Dauerwerbesendung eingeschaltet. In der liegt eine ondulierte Blondine auf einem unbequem aussehenden Kissen und erzählt einem Typen mit schlecht gefärbten Haaren, dass sie überhaupt keine Rückenschmerzen mehr habe.

»In echt?«, fragt meine Tochter. »Is das in echt so?«

»Nein«, sage ich. »Das ist Werbung. Die behaupten das nur.«

»Dürfen die das denn?«, die himmlische Tochter kaut lässig auf einer Erdnuss. Gute Frage, eigentlich frage ich mich auch, ob die das dürfen.

ZAPP! Der Kleine spielt ganz offensichtlich »umschalten« und attackiert alle drei Sekunden den Fernbedienungsknopf.

Aus dem Zauberkasten brüllt es: »So weiß wird Ihre Wäsche mit keinem anderen Waschmittel!«

»Aber nicht in echt, oder Papa?«, sagt meine intelligente Tochter. Und für einen Augenblick bin ich stolz auf den Sieg über die

Illusionen. Aber nicht lange, denn: ZAPP! Und schon steppt ein überaus gut gelaunter Joghurtbecher über den Bildschirm, und meine liebenswerte Tochter sagt: »Hhmmmh ... das stimmt aber, der ist echt voll lecker.«

Ich seufze und denke, wie schwer es für unsere Kids ist, zu verstehen, was wirklich ist. Schon frühere Generationen, die nur läppische Märchenbücher kannten, bleiben für immer verwirrt. Und hoffen noch mit sechsundvierzig Jahren, einen Märchenprinzen im Tangokurs zu treffen. Wirklichkeit und Fiktion nicht auseinander halten zu können, ist echt gefährlich. Dem teuflischen Zapper ist das aber völlig wurscht. ZAPP! Harrison Ford. Er hängt gerade an seinem Zeigefinger über einem höllischen Abgrund. Unter ihm lauern dreihundert Krokodile. Aber er flirtet mit einer Vollbusigen in einer sehr sexy zerfetzten Bluse.

»Dassss iss aba echt, ne, Papa?«, sagt der teuflische kleine Zapper. Und bekommt als Antwort von seiner Schwester eine Handvoll Erdnüsse an den Kopf.

»Das kann der doch nicht in echt, du Dummbatz«, schimpft sie. Harrison Ford springt runter und würgt die dreihundert Krokodile, bis alle blau sind, und meine Kinder kommen wieder in der Realität an. Billy beißt seiner Schwester in den Arm.

Ich hab genug, ich will den Zauberkasten abschalten. Aber der teuflische Zapper nimmt seine Milchzähne aus den Gliedmaßen seiner Schwester und will bitte, bitte nur noch einmal umschalten. ZAPP! Mountainbiker knallen eine Almwiese runter. Ausgerechnet! Gegen einen Mountainbiker ist ein Traumprinz gar nichts. Beim nächsten Ausritt wird der kleine Zapper garantiert versuchen, sich mit dem Dreirad das Treppenhaus hinunterzustürzen. Die wirklichen Dinge des Lebens, sie sind das Gefährliche an der Glotze. Sobald die Kleinen Speerwerfen geguckt haben, gehen sie in die Sandkiste und harpunieren dort unschuldige Windelträger mit einer Zaunlatte. Und dank Ronaldinho schießen sie erst die Weingläser aus der Vitrine und fordern dann eine Zahnspange, durch die sie genau so aussehen wollen wie er. Kleinkinder machen am Hang den Hannawald, und man sucht sie danach in der Schneewehe. Sportliche Zehnjährige glauben, sie seien Tony Hawk und erlegen dann mit ihrem Skateboard arglose Rentner.

ZAPP! Ich schrecke auf. Die liebenswerteste aller Töchter quiekt: »Ihh, eklig, mach das weg!«, und meint damit ein halbnacktes Pärchen, das den Freuden der Sexualität nachgeht. Sie bohrt ihren großen Zeh auf den Aus-Knopf. Und ich frage mich kurz, ob meine Medien-Kinder möglicherweise glauben werden, dass die meisten Männer beim Sex die Hose anbehalten. So, wie im Fernsehen.

Abends im Bett ist die Welt dann wieder in Ordnung. Die virtuelle Welt ist fern. Und meine Kinder fragen mich handfeste Dinge. Heute interessiert sie besonders die Frage, ob Wölfe denn auch in den ersten Stock kommen. Ich sage, dass Wölfe ohnehin nur Kinder mit sauberen Füßen fressen würden. Und sie sich also deshalb keine Sorgen machen müssen.

»In echt?«, fragt der Kleine, und ich versichere ihm lieber ganz ernsthaft, dass es bei uns in echt keine Wölfe gibt.

»Doch!«, ruft die Tochter dazwischen, es gebe doch Wölfe. Und das habe sie im Fernsehen gesehen. Ächzend sacke ich auf den Bettrand, und nach gefühlten vier Stunden habe ich den blöden Fernseher besiegt und unsere Stadt wieder zur wolfsfreien Zone erklärt. Da zeigt der Kleine auf den Schrank und sagt: »Papa, da iss ein Monster!«

»Ich sehe es nicht, aber es wird dir bestimmt nichts tun, wir sind ja alle hier«, sage ich gähnend.

»Doch, da steht es! Und so sieht es aus!« Und er macht ein komisches Gesicht.

»Oh, wie gruselig«, sage ich, »da bewache ich dich besser noch«, und strecke mich wohlig in seinem Bett aus.

»Glaubst du das etwa in echt, Papa?«, kichern sie beide.

Und dann rufen sie nach ihrer Mama, um ihr zu sagen, dass Papa noch in echt an Monster glaubt. Aber da schlafe ich schon. ZAPP!

Kinderaktien

Wer in letzter Zeit auf einer Party war, weiß, was Langeweile ist. In der Küche quatschen Eltern darüber, wie sich ihre Sprösslinge entwickeln. Und im Wohnzimmer diskutieren Singles und Kinderlose darüber, wie sich ihre Optionsscheine entwickeln. Und dazwischen entwickelt sich nichts. Nur ein großes Schweigen. Doch die getrennten Welten von Kombi- oder Cabriofahrern werden bald wieder zueinander finden. Dank meiner, bei aller Bescheidenheit, brillanten Idee, meine Kinder in Aktien zu verwandeln.

Wir leben ja schon seit einigen Jahren in einer Aktienwelt. Wir wissen nicht mehr genau, wie viele Jahre wir verheiratet sind, aber immer, wie der Dax gerade steht. Das einzige Problem war bislang, das ich keinen müden Euro übrig hatte, um mir überhaupt Aktien zu kaufen. Meine Familie war strikt dagegen, die Glotze, den Kirschholztisch oder den Goldhamster dafür in Zahlung zu geben. »Papa, du bist blöde, der heißt nur ›Gold‹-Hamster!« Das wusste ich auch. Aber mit drei Kindern am Hals musst du an die Börse. Jede Statistik verrät, dass man als Single locker dreimal so viel Kohle zur Verfügung hat wie als Papa. Kinderlose investieren ihren Zaster in Hedgefonds und kaufen sich eine zweite Datscha auf Mallorca. Während du als Vater deine virtuellen Millionen in einem Warenlager an Nikes und Nintendo-Spielen und in den gierigen Fingern von Babysittern und Nachhilfelehrern verschwinden siehst.

Hi, ich bin die neue Freundin von deinem Vater. Ich würde mich freuen, wenn wir Freunde werden.
Dann schlage ich vor, Sie übernehmen erst mal meine Handy-Rechnung!
P. GAY

Der Aktienkapitalismus stellt einen vor die Entscheidung: Kinder oder Kohle. Porsche oder Pampers. Aber dummerweise haben sich Eltern meistens entschieden, bevor ihnen das klar wird. Und kommen sich dann vor, als säßen sie mit allen Mit-Eltern auf einer großen Eisscholle. Und treiben langsam, aber unaufhaltsam in immer kältere soziale Gewässer ab. Ihr einziges Kapital sind ihre Kinder.

Und genau deshalb gehe ich jetzt an die Börse. Ich werde Aktien auf meine Kinder ausgeben. Sie können sofort zeichnen. Sollten Sie selbst Kinder haben, dann können Sie Ihre Kleinen auch problemlos an die Börse bringen. Wir legen einen Investmentfonds auf Gianna, Leonard, Lea und Co. auf. »Kinder-Global-Growth-Fonds«.

Ich erkläre Ihnen, wie es geht. Dass kaum noch jemand Kinder kriegt, ist ja bekannt. Also gibt es immer mehr Kinderlose. Logisch. Und die können jetzt Kinder-Aktien kaufen. Und so ihre geliebten Euros in die paar verbliebenen Kinder investieren. Mit dem eingezahlten Geld werden die Kids an den teuersten Elite-Unis fit gemacht. Und wenn sie erwachsen sind und richtig krass verdienen, dann zahlen sie ihren Aktionären eine satte Rendite.

Sie meinen, das wäre Blödsinn, weil es ja mindestens zwanzig Jahre dauert, bis die Schnuller-Monster ihren ersten Gehaltsstreifen bekommen? Sie haben eben keine Ahnung von Wirtschaft. Die meisten heißen Aktien-Tipps sind Milliarden wert. Und werfen doch noch keinen Cent ab. Und in ein paar Jahren werden die allermeisten dieser Aktien nicht mal mehr die Computer-Maus wert sein, mit der sie geordert wurden. Kinder dagegen bieten absolut sichere Gewinne. Weil Kinder ja garantiert wachsen. Außerdem werden die Gewinne gigantisch sein. Denn je weniger Kinder es gibt, umso mehr verdient ja jedes einzelne

Kind später. Und vor allem wird man Kinder, wenn sie endlich Aktienkapital sind, auch endlich wie Aktienkapital behandeln. Und alles tun, damit es, also sie, wächst.

Horden von Fonds-Managern werden nicht eher ruhen, bis der ganze Planet wie ein großes Kinderspielzimmer aussieht. Schließlich sind Kinder ja plötzlich das Wertvollste auf der Welt. Ganze Betonstädte werden platt gemacht und endlose Spielwiesen darauf errichtet werden. Lehrer bekommen Spitzengehälter wie Aufsichtsräte. Kindergärtnerinnen verdienen so viel wie andere Fonds-Manager auch. Die Ausbildungsmöglichkeiten werden fantastisch. Im Rolls Royce werden die Kids zur Schule rollen, wo sie massiert und in Milch gebadet werden. Bevor hoch qualifizierte Fachleute ihnen mitfühlend das Wissen der Welt einflößen. Die verbliebenen Eltern liegen derweil reich und relaxed am Pool, um dann nachmittags ihren wertvollen Nachwuchs mit Streicheleinheiten zuzuschütten.

Statt Stütze-Empfängern und Junkies wachsen extrem qualifizierte, emotional superintelligente Kids heran. Sie verdienen locker das Vielfache von dem, was die vernachlässigten Vor-Aktien-Kids je zustande brachten. Die Rendite des »Kinder-Global-Growth-Fonds« wächst gigantisch. Und Microsoft, Shell und AOL können einpacken. Die Top-Aktien von morgen heißen Paolo und Theresa und strullern jetzt gerade noch in ihr Bettchen.

Gestern habe ich meine Jahrtausendidee dann vorgestellt. »Kinder«, begann ich, »Kinder, wollt ihr nicht reich und ...« »Okay – Papa nun sag schon, was wir tun sollen.« »Nichts sollt ihr tun. Gar nichts. Ich würde nur gerne ... Aktien aus euch machen!« Triumphierend schaute ich in die Runde. Und dachte an all die Kinder, die bald überall auf unserem globalen Globus gefragt würden: »Would you like to be a share, darling? Voulez-vous …« Der Schrei »Was iss eine Akxe?« riss mich aus meinen visionären Gedanken. »Du bist eine Aktie, Nick!«, sagte ich einschmeichelnd. Und ich erklärte Nick, es sei eine Aktie, wenn ich ihm einen Lolli gäbe und mir dann dafür ein Stück von Wombo, seinem Goldhamster, gehören würde. Nick schrie dann: »Papa will ein Stück von Wombo klauen!« Und ich bot ihm schnell einen Lolli zur Versöhnung an. Was einen weiteren Tiefpunkt in der Geschichte der menschlichen Pädagogik markierte. Und meine Familie in Sekundenschnelle einigte. Erstens gehöre der gesamte Wombo Nick. Und zweitens sei ich vermutlich der verblödetste Papa, der je frei rumgelaufen sei.

Meine Frau bemerkte noch sehr passend, meine Vater-Aktien seien gerade voll abgestürzt. Und dann sind alle aufgestanden und einfach weggegangen. Und ich saß allein mit der Ketchupflasche da. Und habe angefangen zu überlegen, ob das mit der Vater-Aktie vielleicht die bessere Idee sei. Deprimiert verabschiedete ich mich dann von meiner Jahrtausendidee. Und bekam es plötzlich mit der Angst. Was, wenn so ein obersmarter Investmentbanker die Kinder-Aktie wirklich in die Tat umsetzen würde? So einer, der unter dem Vorwand, nur seinen Job zu machen, alles rein ökonomisch angeht. Einer, den niemand stoppt. Eben einer, der keine Kinder hat. Und vermutlich auch keinen Goldhamster.

ENDE
des 1. Teils

Kinder sind das Größte

Es war ein grauer Novembertag, wie es ihn nur in den nördlichen Gebieten der Erde gibt. Die Wolken gehen bis auf die Erde, ein nieselnder Regen hüllt alles in Feuchtigkeit, das Gebläse des Autos kämpft gegen die beschlagenden Scheiben an. Es ist dunkel draußen, selbst dort, wo es schon hell wird. Ich fahre die breiten Straßen entlang, auf denen sich die Autos mit dicken Dampfwolken aus den Auspuffrohren und leuchtenden Rücklichtern entlangdrängeln. Die Stadt erwacht. Ich komme vom Flughafen. Ich bin müde, ich friere. Heute scheint der Winter begonnen zu haben, es ist der erste wirklich kalte Tag. Oder kommt das nur mir so vor?

Auf der Rückbank liegen meine Söhne. Nick ist auf dem kurzen Weg vom Flughafen wirklich eingeschlafen. Und Billy dämmert vor sich hin. Neben mir sitzt meine Frau und weint. Wir haben gerade unsere neunzehnjährige Tochter Laura verabschiedet. Sie geht für einige Monate nach Costa Rica. Sprache lernen, sozialer Einsatz. Sie wird wohl noch einmal für ein paar Monate nach Hause zurückkehren. Aber dann wird sie endgültig ausziehen. Deswegen fühlt sich dieser Abschied bereits wie der Abschied von ihrer Kindheit an. Als sie auf die Welt kam und mir mein Kind zum allerersten Mal in die Augen schaute, da hat es mich umgehauen, und ich habe losgeheult. Aber damals war schon klar, dass sie nur kam, um irgendwann zu gehen. Und unsere Sorge und Liebe war darauf gerichtet, sie dorthin zu bringen, wo sie jetzt ist. Beim ersten Schritt ins Erwachsensein. Ein Mensch, der sein eigenes Leben lebt.

Jetzt bin ich wieder gerührt, aber ich bin glücklich, als ich mein Auto durch die Lichter und den Sprühregen in der Dunkelheit lenke. Ich bin glücklich darüber, Kinder, eine Familie zu haben. Ich bin glücklich darüber, es irgendwie geschafft zu haben, diese Familie zu erhalten. Sie so durch die Wirren des Lebens gelenkt zu haben, wie ich gerade unseren Familien-Van schaukelnd durch die sich füllenden Straßen dirigiere. Die Beziehung weitergeführt zu haben, die den Kern der Familie ausmacht. Trotz aller Kränkungen, Enttäuschungen. Trotz der Unzufriedenheit, die manchmal größer als meine Kraft war. Trotz der nervigen Kleinkriege, die um Ordnung, um Geld, um Zuwendung und Liebe geführt wurden.

Sie sind zu selten, diese Augenblicke, in denen ich fühlen kann, was mir diese Familie, diese Bindungen, diese Vertrautheit bedeuten. Im Abschied enthüllen sich die Bedeutungen. Vielleicht fallen uns auch deshalb Abschiede so schwer. Im Abschied fühlen wir, was wir einander bedeuten, wie stark die Liebe ist. Der Abschied scheidet wirklich. Er zerreißt die Bindung. Und der Schmerz lässt uns erkennen, wie fest und tief sie war. Er schneidet wie ein Messer durch den Unsinn und das Gebrabbel des Alltags. Und legt die tieferen Schichten unserer Seele für einen kostbaren Augenblick bloß. Das geschäftige Surren der Tage verstummt. Unsere Gefühle haben eine Chance, bis zu unserem Bewusstsein vorzudringen. Die Güter, nach denen wir jagen, wie lächerlich sie uns dann erscheinen. Wie überflüssig die Aufregungen, die uns treiben. Wie eitel die Anerkennung, nach der wir streben. Die Endlichkeit des Lebens spricht zu uns. Und mit ihr fühlen wir den Wert der so unglaublich nervigen, kraftraubenden, unglaublich beglückenden, erfüllenden Beziehung zu unseren Lieben, zu unseren Kindern.

Fall Sie Kinder haben, dann wissen Sie das. Falls Sie erst Kinder bekommen, dann werden Sie es erleben. Und wenn nicht, dann wird es Zeit, sich zu erinnern. Denn wir waren doch alle einmal Kinder. Und werden es für immer bleiben.

Kinder sind das Größte.

© Laura Holzberg

Oskar Holzberg, Jahrgang 1953, ist Psychotherapeut, Buchautor und schreibt seit vielen Jahren für BRIGITTE. Meistens sitzt er in seiner Praxis und hilft Menschen bei ihren psychischen Problemen. Dann geht er nach Hause und bekommt selbst welche. Und so lebt er mit seiner Frau und seinen drei Kindern in Hamburg und ist überzeugt, dass die Götter es nicht wollten, dass er viel Freizeit hat.

© BRIGITTE

Peter Gaymann, Jahrgang 1950, arbeitete erst als Sozialpädagoge, zog dann nach Rom und lebt heute in Köln. Gaymanns Hühneruniversum machte ihn berühmt, die pointierte Verbindung von Text und Bild ist seit dreißig Jahren sein Markenzeichen. Mit großer Sachkenntnis für Paar-Probleme widmet er sich alle zwei Wochen in BRIGITTE den unlösbaren Fragen der Liebe. Selbst Vater von zwei erwachsenen Kindern ist dies sein erstes Buch mit dem verschmitzten Blick aufs eigene Papasein.